A Dictionary of Somali Verbs in Everyday Contexts

A DICTIONARY OF SOMALI VERBS IN EVERYDAY CONTEXTS

COMPILED AND TRANSLATED BY
LIBAN A. AHMAD

EDITED BY
KATHARINE SHIPTON

authorHOUSE®

AuthorHouse™
1663 Liberty Drive
Bloomington, IN 47403
www.authorhouse.com
Phone: 1-800-839-8640

First published by AuthorHouse   01/17/2012

ISBN: 978-1-4678-8137-1 (sc)
ISBN: 978-1-4678-8138-8 (ebk)

Printed in the United States of America

Introduction

The verb is one of the basic grammatical building blocks of the Somali language. Familiarity with the conjugation groups (1-3b), the irregular verbs as well as the tenses and their usage, is indispensable for learning Somali as a second language.

This dictionary draws on the compiler's experience of teaching Somali as a second language; an experience which has been immeasurably enriched by questions posed by learners of Somali as they encounter verbs during the learning process. The dictionary has also benefited considerably from Somali language research

The approach used to compile this bilingual dictionary is driven by the need for the student to learn not only the meaning of the verb but also how it is used. Every verb featured in the dictionary is used in a sample sentence intended to provide the learner with an opportunity to see that verb in everyday contexts. Every verb entry is accompanied by information on the conjugation group of the verb, whether it is transitive or intransitive, a translation of the verb, the role of prepositions where appropriate, the verb in a sentence in Somali with an English translation and the verbal noun. Variant spellings, as well as synonyms (verbs with similar meanings) which may or may not belong to another conjugation group are also shown. In such cases the conjugation group of the verb has been identified, and differences in usage have been indicated. All verbs are assumed to be active, unless identified as passive.

Verbs in the dictionary are arranged in English alphabetical order. The Somali letters DH, KH and SH can be found after the letters D, K and S respectively.

I am grateful to those people whose encouragement and feedback have helped me throughout my career as a teacher of Somali. They include: Dr John Caney, for helping me to improve my knowledge of Somali grammar; Jane Gogarty of Asset Languages, for her supervision of Somali breakthrough, preliminary and intermediate master tasks in four language skills; Abdirisak Haji Mohamud, for his encouragement; Katharine Shipton, for her constructive criticisms while editing the dictionary; my students, for their willingness to ask questions which have helped me learn more about the Somali language, and to my family for their patience while working on the dictionary. Of course, any weaknesses in the dictionary are mine.

Liban Ahmad
London, November 2011

About the Somali Language

The Somali language is a member of the Eastern Cushitic language group. It is spoken in Djibouti, Somalia, parts of Ethiopia and Kenya as well as in Europe, the Middle East and North America where a large Somali diaspora is based. Before 1972, the Somali language did not have an orthography. The military rulers who came to power in October 1969 formed a Language Commission tasked with choosing a script for Somali. Following deliberations, the Somali Language Commission agreed on the use of the Roman script. The decision paved the way for the Literacy Campaign and the use of Somali for administration as well as a medium of instruction in primary and secondary education.

The rich oral tradition of Somalis provided a strong basis for the development of the Somali language from a spoken one to one used in education, administration and media. The Somali language is taught at the School of Oriental and African Studies (SOAS) (University of London), Gothenburg University and Ohio University as well as several privately owned language schools in Europe and North America.

Somali alphabet

The Somali alphabet consists of 21 consonants. There are five vowels.

Letters in the English alphabet that are not found in the Somali alphabet are p, v and z:

B, T, J, X, Kh, D, R, S, Sh, Dh, C, G, F, Q K, L, M, N, W, H Y.

Short Vowels

A E I O U
A as in rag
E as in ten
I as in tin
O as in log
U as in pull

Long Vowels

AA as in farm
EE as in fair
II as in feel

OO as in ball
UU as in foot

Somali word order

The Somali word order for the active sentence is: subject, object and verb: Ninku bariis buu cunayaa: *The man is eating rice.*

The word order for the Somali passive sentence is: object + waxaa + verb + subject: Bariis waxaa *cunaya* ninka: *Rice is being eaten by the man.* The focus word, *waxaa,* like *oo* (which/that/who), 'reduces' the verb, ie the final 'a' is dropped in the example given above. When the mood classifier (*waa*) with the subject verbal pronoun (e.g. *uu* giving *wuu*) is used, the verb comes after it: *Wuu cunayaa bariis*: He is eating rice. When used with the impersonal pronoun *la* (one), the verb is conjugated in the same way as it is for the third person singular masculine (*isaga*) in all conjugation groups and irregular verbs. The first person singular *(aniga)* and the third person singular masculine *(isaga)* are conjugated the same for all conjugation groups but part company in the irregular verbs. The second person singular *(adiga)* and the third person singular feminine *(iyada)* are conjugated the same for all conjugation groups and irregular verbs.

Abbreviations

The following acronyms and abbreviations are used in the dictionary:

Colloq.: colloquial
Gram.: grammar
Intr: intransitive
Irr. v.: irregular verb
Masc. : masculine
N: noun
Pass. v: passive verb
Pl.: plural
Sb: somebody
Sing.: singular
SMA: same meaning as
Sth: something
Trans: transitive

A

Aad *(intr. – conj. 1)* To go. Waxaan aadayaa London berri – *I am going to London tomorrow. (Used with* la *(with),* ku *(in),* u *(for)):* Waxay suuqa la aadday Raxma – *She has gone to the market with Rahma.* Aadis (n).

Aafee *(trans. – conj. 2b)* (Of illnesses and natural disasters). To have an adverse effect on someone. Bariis baa loo qaybiyay dadka abaartu ay aafaysay – *Rice has been distributed to people affected by the drought.* Aafayn (n). SMA: wax-yeellee *(conj. 2b)*.

Aafow *(intr. – conj. 1)* To be affected adversely by a disease or a natural disaster. *(Used with* ku *(in)):* Dadka abaarta ku aafoobay waxay u baahan yihiin gargaar – *People affected by the drought need assistance.* Aafoobis (n). SMA: wax-yeellow *(conj. 1)*.

Aammin *(trans. – conj. 1 arb.)* To trust. Waa in la aammino waalidka – *Parents should be trusted. (Used with* ku *(for)):* Waxaa lagugu aamminay xilkan – *You have been entrusted with this responsibility.* Aammmis (n). Aammin**ka** (n): trustworthiness.

Aar *(intr. – conj. 1)* To avenge. *(Used with* u *(for)):* Wuu u aaray saaxiibkiis oo la gadhaacay – *He avenged his friend's beating.* Aaris (n).

Aargudo *(trans. – conj. 3b)* To take revenge. *(Used with* ka *(on)):* Wuu iga aargutay – *He took revenge on me.*

Aargudasho (n). SMA: aarso *(conj. 3a* and used with *ka* (on)).

Aas *(trans. – conj. 1)* To bury. Cabdi baa bisaddii ku aasay beerta dhexdeeda – *Cabdi has buried the cat in the garden.* Aasid (n). Aas**ka** (n) burial. SMA: duug and xabaal *(both conj. 1)*.

Aay *(trans. – conj. 1)* To derive future benefit from something. *(Used with* u *(for)):* Waan u aayay taladaada – *I have benefited from your advice (in hindsight).* Waad u aayi doontaa waxbarashada – *You will benefit from education in the future.* SMA: ka faa'iid *(conj. 1 arb.)*. Aaya**ha** (n).

Abaabul *(trans. – conj. 1)* To organise. Axmed baa abaabulaya bandhigga caanaha geela – *Axmed is organising the camel milk exhibition. (Used with* 'is' *(self)):* Is-abaabul – To organise oneself/ to get oneself organised. Abaabulis (n). Abaabul**ka** (n).

Abaarso *(intr. – conj. 3a)* To become dry (e.g. hair or land). Dhulku wuu abaarsaday – *The land is/has been parched.* Abaarsasho (n).

Ababi *(trans. – conj. 2a)* To bring up a child. Hooyadu waa inay ubadkeeda u ababiso si wanaagsan – *The mother should bring up her children in a good manner.* Ababin (n). SMA: barbaari and kori *(both conj. 2a)*.

Abbaar *(trans. – conj. 1)* To head in a direction. *(Used with prepositions* ku *(in)* or *u* *(for)):* Waxaan abbaaray Bari – *I headed East.* Abbaaris (n).

Abtiri *(trans. – conj. 2a)* To identify one's genealogy by mentioning names of father, grandfather, great-grandfather etc. *(Used with u (for)):* Rooble baa ii abtiriyay – *Rooble identified my genealogy.* Abtirin (n).

Abtirso *(intr. – conj. 3a)* To identity the genealogy of a family tree by mentioning names of father, grandfather, great-grandfather etc. Geeddi wuu abtirsaday – *Geeddi has identified his genealogy/family tree.* Abtirsasho/abtirsi**ga** (n).

Abuur *(trans. – conj. 1)* To create; to plant seeds; to result in. *(Used with preposition u (for), ku (in)).* Beertii buu abuuray saaka – *He planted seeds at the farm in the morning.* Abuuris (n). Abuur**ka** (n): seed. Abuur**ta** (n): creation/creature, human beings and animals.

Addoonso *(trans. – conj. 3a)* To enslave. May wanaagsana in qof la addoonsado – *It is not good to enslave anyone.* Addoonsasho/addoonsi**ga** (n).

Adeeg *(trans. – conj. 1)* To serve someone. *(Used with prepositions u (for), ka (at) or la (with)):* Ii adeeg! – *Serve me!* U adeeg Cali – *Serve Ali.* Adeegis (n). Adeeg**ga** (n): *service.*

Adeegso *(trans. – conj. 3a)* To use. Qalabka cusub adeegso! – *Use the new equipment! (Used with prepositions u (for), la (with) or ku (in)).* Adeegsasho (n). SMA: isticmaal *(conj. 1 arb)* and manfacaadso and intifaacso (of resources) *(both conj. 3a arb.).*

Adkayso *(trans. – conj 3b)* To insist on. *(Used with ku (on)):* Waan ku adkaystay taladayda – *I have insisted on sticking to my decision.* 2. To put up with a stress or pain; to bear. *(Used with u):* Maan u adkaysan karo madax-xanuun – *I cannot put up with a headache.* SMA: xamil *(conj. 1 arb).* Adkaysasho/adkaysi**ga** (n).

Adkee *(trans. – conj. 2b)* 1. To strengthen. Waa inaynu adkayno xidhiidhka u dhexeeya waalidka iyo dugsiga – *We have to strengthen the link between parents and the school.* 2. *(trans.)* To urge someone to do a task. *(Used with the preposition ku):* Yuusuf baa igu adkeeyay inaan kula kulmo intaan London ka tagin berri – *Yuusuf urged me to meet you before I leave London tomorrow.* Adkayn (n).

Adkow *(intr. – conj. 3a)* 1. To win. Kooxdaydu way adkaan doontaa – *My team will win.* 2. *(trans.)* To beat someone (e.g. in a match). *(Used with ka):* Miyay kooxdeedu ka adkaan doontaa kooxdaada? – *Will her team beat your team?* Adkaansho (n). SMA: badi *(conj. 2a).*

Afee *(trans. – conj. 2b):* To make something sharp (e.g. a knife). Ableyda afee! – *Sharpen the dagger! (Used with ku (with, by means of)):* Soofe baan ableyda ku afaynayaa – *I am sharpening the dagger with a chisel.* Afayn (n). SMA: wax-yeellee *(conj. 2b).*

Afgaro *(trans. – conj. 3b)* To understand someone. I afgaro – *Understand me.* Afgarasho (n). Afgarad**ka** (n).

Isafgarad**ka**/isafgarasho (n): mutual understanding.

Afgobaadso *(trans. – conj. 3a)* To pay lip service to. *(Used with ku (to))*. Wuxuu ku afgobaadsadaa derisnimo-wanaag – *He pays lip service to good neighbourliness.* Afgobaadsasho (n). Afgobaadsi**ga** (n).

Ah *(verb to be)* Root verb and positive reduced verb of the verbs to be ahay, yahay, tahay, tihiin, nahay and yihiin when with noun; with a positive adjective the verb to be disappears when the subject is focused by *baa/ ayaa.* 1. Qolku wuu kulul yahay/qolka baa kulul – *The room is hot.* 2. Ninka baa bare ah – *The man is a teacher.* 3. Ganacsade deeqsi ah – *A generous business person.* Ahaansho (n).

Ahow *(trans. – conj. 3a)* To be; to keep on, persist in, carry on being something. Haddii aan ahaan lahaa bare waan ku bari kari lahaa taariikh – *If I were a teacher I would have been able to teach you history.* Waa inaad ahaato wiil fiican – *You have to be/keep on being a good boy.* Ahaansho (n).

Akhri *(trans. – conj. 2a arb.)* To read. Waxaan akhriyey sheeko gaaban – *I have read a short story. (Used with ka (at)):* Sheekadayda baan maktabad ka akhrin doonaa – *I will read my story at a bookshop.* Akhrin (n). Akhris**ka**. Variant spelling: aqri. SMA: daalaco *(conj. 3b arb.).*

Allayso *(intr. – conj. 3b)* To die. Goormuu Siraad aabbaheed allaystay? – *When did Siraad's father die?*

(Used with ku *(in),* ka *(from)*, la *(with) or* u *(for)):* Allaysasho (n): rarely used as a verbal noun. SMA: dhimo *(conj. 3b)* and geeriyood *(conj. 3b).*

Amar *(trans. – conj. 1 arb.)* To give someone an order or instructions. Waa la i amri doonaa – *I will be given instructions. (Used with* ku*):* Waxaan kugu amray inaad baarto dambiga – *I have given you the order/instructions to investigate the crime.* Amris (n). Amar**ka** (n): order/instruction.

Ammaan *(trans. – conj. 1)* To praise someone; to flatter. Walaalkay wuu i ammaanay – *My brother has praised me. (Used with* ku *(for)):* Waxaa lagugu ammaanay geesinimo – *You have been praised for bravery.* Ammaanis (n). Ammaan**ta** (n).

Ammakaag *(intr. – conj. 1)* To be overwhelmed by surprise. Waan ammakaagay – *I was overwhelmed by surprise.* Ammakaag**ga** (n). SMA: yaab *(conj. 1).*

Aqoonso *(trans. – conj. 3a)* 1. To recognise someone. Miyaad i aqoonsatay markaad igu aragtay suuq-yaraha shalay? – *Did you recognise me when you saw me at the mini-market yesterday?* Waan aqoonsaday Faarax daqarkiisa awgiis – *I recognised Faarax because of the scar on his face.* 2. To grant diplomatic recognition. Eritreeya waxaa loo aqoonsaday dal madax-bannaan 1993kii afti la qaaday dabadeed – *Eritrea was recognised as an independent state in 1993 after a*

referendum was held. Aqoonsasho (n).
Aqoonsi**ga** (n).

Aqow *(trans. – irr.)* To know someone,
a skill, or a location. Waan aqaan
meesha guriga Yuusuf uu ku yaal – *I
know where Yusuf's house is located. (Used
with* ku *(for)):* Dawaco waxaa lagu
yaqaan sirteeda – *A jackal is known for
its cunning. (Used with* u *(as)):* Maan
kuu aqaan bare – *I don't know you as a
teacher.* Aqoon (n): knowledge.

Arag *(trans. – conj. 1)* To see. Miyaad
aragtay dukaanka cusub? – *Have
you seen the new shop? (Used with*
u. *Used to express a view):* Waxaan
u arkaa dooddaada mid aan
dhammaystirnayn – *I see your argument
as flimsy. (Used with* ku *(in/at)).*
Guuleed baan maqaayad ku arkay
shalay – *I saw Guuleed at a restaurant
yesterday.* Aragti (n): sight; theory;
opinion. Aragtiin**ka** (n): a theorem.

Asaas *(trans. – conj. 1 arb.)* To lay
the foundations of something; to
found. Dugsigan waxaa la asaasay
1955kii – *This school was founded
in 1955.* Asaasis (n). Asaas**ka** (n):
foundation; base.

B

Ba' *(intr. – conj. 1)* 1. To suffer; to be
annihilated. Dad ba'aya baan arkay
abaarta darteed – *I have seen people
suffering because of the drought.* SMA:
dhibaatood *(conj. 3b).* 2. *(intr.)* (Of
stains/dyes/marks etc). To come off,
to be removable. Rinjigani muu
ba'ayo – *This paint is not removable/is
indelible.* Ba'is (n).

Baabbi'i *(trans. – conj. 2a)* To destroy.
Daadadku waxay baabbi'iyeen
beero – *Floods have destroyed farms.*
Baabbi'in (n).

Baad *(trans. – conj. 1)* To blackmail
someone. Ha isku dayin inaad i
baaddo – *Don't try to blackmail me.*
Baadis (n).

Baadh *(trans. – conj. 1)* 1. To investigate.
Booliiska ayaa baadhaya dambiga – *The
police are investigating the crime.* 2. To
search someone. Nin booliis ah ayaa
i joojiyay oo i baadhay – *A policeman
has stopped and searched me.* 3. To
conduct research. Faarax wuxuu
baadhayaa saamaynta cabbista sigaarku
ku yeelato caafimaadka qofka sigaarka
cabba – *Faarax is researching the effect
smoking has on the smoker.* Baadhis (n).
Variant spelling: Baar.

Baafi *(trans. – conj. 2a)* To trace
someone or discover the whereabouts
of someone. Waxaan baafinayaa
ina-adeerkay – *I want to discover the
whereabouts of my cousin.* Baafin (n).

Baah *(intr. – conj. 1)* To spread. Dabku si degdeg ah buu u baahaa haddii aan la damin – *Fire spreads quickly if it is not put out.* Baahis (n).

Baahi *(trans. – conj. 2a)* To make something spread. Ma adiga ayaa mar hore warka ku baahiyay magaalada? – *Have you already spread the news around the town?* Baahin (n). SMA: fid *(conj. 1).*

Baaho *(trans. – conj. 3b)* 1. To need something. *(Used in a simple present to show habitual need). (Used with u):* Waxaan u baahdaa koob qaxwe ah subax kasta – *I need a cup of coffee every morning. (When used in simple past it can mean past or present):* Waxaan u baahday gaadhi – *I need/needed a car.* 2. *(intr)* To feel hungry. Waan baahdaa 11ka subax kasta – *I feel hunger at 11 every morning.* SMA: gaajood *(conj. 3b).* Baahi**da** (n): hunger; need.

Baaji *(trans. – conj. 2a)* To prevent; to adjourn. Waxaan baajinayaa kulanka ilaa berri – *I am going to adjourn the meeting until tomorrow. (Used with ka):* Adiga ayaa Faarax ka baajiyay tagista London – *You have prevented Faarax from going to London.* Baajin (n).

Baani *(trans. – conj. 2a)* To give someone nutritious food so he/she can recover from illness. Sahro waxay baaninaysaa waalaalkeed – *Sahro is giving her brother nutritious food. (Used with is (self)):* Isbaani! – *Nourish yourself!* Baanin (n).

Baaq *(trans. – conj. 1)* 1. To announce. *(Used with ku):* Wasiirka Waxbarashada ayaa ku baaqay in la dhisi doono dugsiyo cusub – *The Minister of Education has announced that new schools will be built.* 2. To wave to someone or use a gesture to discretely gain a person's attention. Waxaan u baaqay Jaamac – *I waved to Jaamac.* 3. To call upon someone to do something. *(Used with u and ku – ugu):* Waxay iigu baaqday inaan joojiyo adeegsiga afxumada – *She called upon me to stop using bad language.* Baaqis (n).

Badi *(trans. – conj. 2a)* 1. To increase something; (of quantity) to make something more. Badi biyaha aad cabto maalin kasta – *Increase the amount of water you drink every day. (Used with ku (in)):* Ha ku badin sonkor shaaha – *Don't put more sugar in the tea.* 2. *(trans/intr.)* (a) To excel in something. Cali wuxuu badiyaa kubbadda cagta – *Cali excels in football.* (b) To defeat, beat. *(Used with ka):* Kooxdaada baa kooxdayda ka badisay shalay – *Your team beat my team yesterday.* (c) To be better at something than someone else. *(Used with ka and comparatively):* Sahra way iga badisaa xisaabta – *Sahra is better at maths than I am.* Badin (n).

Bado *(intr. – conj. 3b)* To become more; to increase. Biyaha wabigu way bateen – *The river water has increased.* Badasho (n).

Badso *(trans. – conj. 3a)* To help yourself to more of something (e.g.

food). Badso caanaha! – *Have more milk!* Badsasho (n).

Ballaari *(trans. – conj. 2a)* To widen /make wider. Ballaari ballaca qolka! – *Make the room wider.* Ballaarin (n). Variant spelling: ballaadhi.

Ballan *(trans. – conj. 1)* To have an appointment with someone. *(Used with* la *and always used in the past tense in Somali to convey a present tense meaning in English):* Waan la ballamay Jaamac – *I have an appointment with Jaamac.* Ballan**ta**/**ka** (n).

Bar *(trans. – conj. 1)* 1. To teach. Rooble ayaa saynis i bara – *Rooble teaches me science.* 2. To be introduced to someone. Waxaa la i baray maamulaha xafiiska gobolka – *I have been introduced to the manager of the district office.* Baris (n).

Bari *(trans. – conj. 2a)* 1. To beg. Miyay wanaagsan tahay in dadka la baryo? – *Is it good to beg from people?* SMA: tuugso *(conj. 3b). (Used with* ka*):* Waxaan kaa baryayaa in aad i cafiso – *I beg you to forgive me.* 2. *(intr.)* (Of dawn). To break. Waagii baa baryay – *It is daybreak; the dawn has broken.* 3. To see the dawn after the night (used when asking how someone fared during the night) *(Used with* ku *(in)):* Nabad miyaad ku barisay? – *Did you sleep well / did you have a good night's sleep? (Lit: Did you wake up well after the night?).* 4. To spend the night in a place without proceeding to your destination. Waxaan ku baryay degmada oo aroornimadii baan socdaalay – *I stayed*

in the district overnight and travelled in the morning. Barin (n).

Baro *(trans. – conj. 3b)* 1. To learn. Miyaad baratay sida aqal Soomaali loo dhiso? – *Have you learned how to build a traditional Somali house? (Used with* ka *(from)):* Ka baro buuggan af Soomaali – *Learn Somali from this book. (Used with* la *(with)):* I la baro xisaabta – *Learn mathematics with me.* 2. To get used to, become accustomed to. *(Used with* u *and always used in the past tense):* Waxaan u bartay toosidda goor hore – *I am used to getting up early.* Barasho (n).

Bax *(intr. – conj. 1)* 1. To leave. Hadda ayuu Gabyow baxay – *Gabyow has just left. (Used with* ka *(from)):* Ka bax qolkan! – *Leave this room!* 2. *(Used with* la *(with)):* (a) To elope with a woman. Nin baa gabadh la baxay xalay – *A man eloped with a girl last night.* (b) (Of money or other objects). To withdraw. Lacag buu la baxayaa – *He is withdrawing money* 3. (Of trees and plants). To grow. Geedku wuu baxayaa – *The tree is growing.* 4. To be called. *(Prefixed with* la *and word* 'magac'*):* Nin la magac-baxay Jeelle Dheere baa imanaya maanta – *A man known as Jeelle Dheere is arriving today.* 5. To appear, be published (in relation to regularly published items such as newspapers). *(Used with* soo*):* Wargeyskii *Xiddigta Oktoobar* wuxuu soo bixi jiray maalin kasta marka laga reebo Jimcaha – *The Xiddigta Oktoobar newspaper used to appear every day except Friday.* 6. (Of the sun). To rise (*Used with* soo*):* Qoraxdu way soo baxday – *The sun has risen*. 7. *(intr.)* To go to the scene of a raid or robbery; to pursue culprits. *(Used with* ku *(to)):* Seddex nin oo booliis ah ayaa ku baxay burcadda weerartay bangiga – *Three policemen have pursued robbers who attacked the bank.* 8. *(trans.)* To be spent on *(Used with* ku – *subject being money or the time).* SMA: qarash-garee *(conj. 2b)* *(money or time being the object).* Lacag badan ayaa ku baxday/lagu qarash-gareeyay mashruuca caafimaadka – *A lot of money has been spent on the health project.* Bixis (n): leaving; growing.

Baxso *(intr. – conj. 3a)* To escape. *(Used with* ka *(from)):* Cabdi wuxuu ka baxsaday xabsiga – *Cabdi has escaped from the jail.* Baxsasho (n).

Beddel *(trans. – conj. 1 arb.)* 1. To change or to replace something. Waan beddelay batariga raadiyaha – *I have replaced the radio batteries.* 2. To transfer someone to another post. *(Used with* u *(to)):* Waxaa la ii beddeli doonaa magaalo kale – *I will be transferred to another town.* 3. *(Used with* 'is' *(self)):* To change one's mind. Maan isbeddelo – *I don't change my mind.* Beddelis (n). Variant spelling: baddal.

Beeg *(trans. – conj. 1)* 1. To adjust something. *(Used with* ku *(on)):* Ku beeg xarigga tiirka – *Adjust the position of the rope on the pole.* 2. To make an event fall on a given date; to make/arrange an event to coincide with another. Waxaan booqashadayda London ku beegay fasaxaaga sanadka – *I have arranged my visit to*

London to coincide with your annual holiday. Beegis (n).

Beel *(trans. – conj. 1)* (Of body/car parts). To lose. Dhurwaagu dheg buu beelay – *The hyena has lost an ear.* Beelis (n).

Beer *(trans. – conj. 1):* To cultivate. Beerta ayuu beeraa afar jeer sanadkiiba – *He cultivates the farmland four times each year.* Beeris (n).

Bi'i *(trans. – conj. 2a)* 1. To misbehave. *(Used with* 'wax' *in positive sentences; with* 'waxba' *in negative sentences, and with* maxaan, muxuu, maxaannu, maxaynu, maxaad, maxay, *and* maxaydin, *in positive interrogative sentences):* Maxaad bi'isay? – *What have you done wrong?* Waxba maan bi'in – *I have not done anything wrong.* Wax baan bi'iyey – *I have done something wrong.* 2. (Of stains). To remove. Khadka qalinkani ma la bi'in karo – *The ink from this pen cannot be removed.* Bi'in (n).

Biir *(trans. – conj. 1):* 1. To join (e.g. a school). Cabdi wuxuu ku biiray Xoogga Dalka sanadkii 1960kii – *Cabdi joined the National Army in 1960.* 2. *(intr.)* (Of money). To increase. *(Used with* u *(for)):* Lacagta bangiga kuu taal way biirtay dheefta awgeed – *Your money in the bank has increased because of the interest.* SMA: urur *(conj. 1)* Biiris (n); Biiro (n): a collection of something; accumulation

Biiri *(trans. – conj. 2a)* To contribute to something. *(Used with* ku *(to)):* Maxaad ku biirin doontaa doodda? – *What will*

you contribute to the debate? 2. To save up (e.g. money) SMA: biirso *(conj. 3a)*. Waa inaan lacag biiriyo si aan u iibsado gaadhi cusub – *I have to save up money in order to buy a new car.* Biirin (n).

Bilaab *(trans. – conj. 1)* To start something. Miyaad bilaabaysaa mashruuc cusub? – *Are you going to start a new project? (Used with* ku *(with)):* Waxay hadalkeeda ku bilaabtaa mahadcelin – *She starts her talk with an acknowledgement. (Used with* ka *(from)):* Ka bilaab bogga koowaad – *Start from page one.* Bilaabis (n).

Billow *(intr. – conj. 3a)* To get started. Shirku wuxuu billowday tobankii – *The meeting got started at ten.* Billow**ga** (n).

Bislee *(trans. – conj. 2b)* To cook. Miyaad bislayn kartaa bariis macaan? – *Can you cook delicious rice?* Bislayn (n). SMA: kari *(conj. 2a)*.

Bislow *(intr. – conj. 3a)* 1. To ripen or be fully cooked. Cambuhu wuu bislaaday – *The mango has become ripe.* 2. To become fully cooked. Hilibku wuu bislaaday – *The meat is fully cooked.* Bislaansho (n).

Bixi *(trans. – conj. 2a)* 1. To pay. Bixi lacagta kirada – *Pay the rent money.* 2. To pay on behalf of. *(Used with* ka *(on behalf of)):* Waxaan ka bixiyey lacagta waalalkay – *I've paid the money on my brother's behalf.* 3. To get someone out; eject. Ninka ka bixi qolka! – *Get the man out of the room!* 4. To give a name to sb/sth. *(Used with* u*):* Waxaan u bixiyey inankayga Guuleed – *I*

named my son Guuleed. 5. To take out; to withdraw (e.g. money). *(Used with* soo*):* Soo bixi lacagta ku jirta jeebkaaga! – *Take out the money from your pocket!* 6. To spare a life. Jaamac wuu i bixiyay – *Jaamac has spared my life.* SMA: badbaadi *(conj.2a)*. 7. To take off. (e.g. an item of clothing). Bixi shaatiga! – *Take off the shirt!* Bixin (n).

Biyee *(trans. – conj. 2b)* To put/pour water onto something; to water. Beerta ayay biyeynaysaa – *She is watering the garden.* Biyayn (n).

Bog *(trans. – conj. 1)* 1. To finish a task. Gormaad bogaysaa hagaajinta baabuurka? – *When will you finish fixing the car?* SMA: dhammee *(conj. 2b)*. 2. To admire; to like. *(Used with* u *in past tense in Somali to convey simple present in English):* Waan u bogay dadaalka walaalkay – *I admire the efforts of my brother.* SMA: la dhac *(conj. 1)*. Bogis (n).

Bogso *(intr. – conj. 3a)* To recover. Saleebaan wuu bogsaday oo shaqada ayuu ku noqday – *Saleebaan has recovered/is better and is back at work.* Bogsasho (n). SMA: fiicnow and ladnow *(both conj. 3a)* and rayso *(conj.3b)*.

Bood *(intr. – conj. 1)* To jump. *(Used with* ka *(over)):* Waxaan ka booday derbiga – *I have jumped over the wall.* 2. To get onto a horse or into a car. *(Used with* ku *(on)):* Ku bood faraska! – *Get onto the horse!* Boodis (n).

Buk *(intr. – conj. 1):* To be ill. *(Used in simple present or simple past):* Shaqada muu tegin shalay waayo wuu bukay – *He did not go to work yesterday because he was ill.* Miyuu maamuluhu bukaa? – *Is the manager ill?* Bukaan**ka** (n): patient.

Bukood *(intr. – conj. 3a)* To fall ill (habitually). Wuu bukoodaa haddii uu hilib geel cuno – *He gets ill if he eats camel meat.* Bukaansho (n).

Buux *(intr. – conj. 1)* To become full. *(Always used for a simple present sentence or simple past sentence):* Koobku wuu buxaa – *The cup is full.* Ceelku wuu buuxay shalay – *The well was full (of water) yesterday. (Used with ka (of)):* Shaah baa falaaska ka buuxa – *The flask is full of tea.* Buuxis (n).

Buuxi *(trans. – conj. 2a)* 1. To fill something up. Buuxi koobka! – *Fill the cup! (Used with ka (with)):* Ka buuxi koobka caano! – *Fill the cup with milk!* 2. To fill out/in (a form/a blank space). *(Used with ku (with)):* Ku buuxi meelaha bannaan ereyadan – *Fill out the blank spaces with these words.* Buuxin (n).

C

Caawi *(trans. – conj. 2a arb.)* To help. I caawi! – *Help me! (Used with ka):* Waxaan kaa caawinayaa xisaabta – *I am helping you with mathematics. (Used with ku (with)):* Waxaan kugu caawin doonaa soo-jeedin – *I will help you with a suggestion.* Caawin (n).

Cab *(trans. – conj. 1)* To drink. Waxaan cabbaa shaah maalin kasta – *I drink tea every day.* Cabbis (n).

Cabbee *(trans. – conj. 2b)* To fill up; to load a gun. Waan cabbeeyay qoriga – *I loaded the gun.* Cabbayn (n).

Cabo *(intr. – conj. 3b)* To complain. *(Used with u (to)):* U cabo madaxa waaxda – *Complain to the head of the unit. (Used with ka (about)):* Waxaan ka cabanayaa deriskayga – *I am complaining about my neighbour.* Cabasho (n): complaint.

Cabsii *(trans. – conj. 2a)* To scare someone off. Maxaad noo cabsiinaysaa? – *Why are you scaring us off?* Cabsiin (n).

Cabso *(intr. – conj. 3a)* To be scared. *(Used with ka (of)):* Waan ka cabsadaa saraha dhaadheer – *I am scared of tall buildings.* Cabsasho (n). SMA: baq *(conj. 1 and used with ka (of)).*

Cabudhi *(trans. – conj. 2a)* To repress; to suffocate. Dawladdu way cabudhisaa siyaasiyiinta isbeddel-doonka ah – *The government represses politicians who* *are reformers.* Cabudhin (n). Variant spelling: caburi.

Cadayso *(intr. – conj. 3b)* To brush one's teeth. Waan cadaystaa laba jeer maalin walba – *I brush my teeth twice a day.* Cadaysasho (n). SMA: rumeyso *(conj. 3b).*

Caddee *(trans. – conj. 2b)* 1. To whiten something. Qolka baynu caddeynaynaa maanta – *We are painting the room white today.* 2. To explain clearly. Wuu caddeeyay waxa keenay ismaandhaafka – *He has explained what caused the misunderstanding.* Caddayn (n): clarification; evidence.

Cadhood *(intr. – conj. 3a)* To get angry. Miyuu si degdeg ah u cadhoodaa? – *Does he get angry quickly?* Cadho (n): anger. Variant spelling: carood. SMA: xanaaq *(conj. 1).*

Cafi *(trans. – conj. 2a arb.)* To forgive. Way fiican tahay inaad cafiso qofka ku xumeeyay – *It is good to forgive the person who has mistreated you.* Cafin (n).

Carar *(intr. – conj. 1)* To run away. Tuuggu wuu cararay – *The thief has run away.* Cararis (n). SMA: roor *(conj. 1).* Variant spelling: cadhadh.

Cashee *(trans. – conj. 2b)* To have dinner. Goormaad cashayn doontaa? – *When will you have dinner?* Cashayn (n).

Cawee *(intr. – conj. 2b)* To spend the night or the evening. Miyaad baarka ku caweynaysaa? – *Are you going*

to spend the evening/night at the bar? Cawayn (n). Caways**ka** (n): night club.

Celi *(trans. – conj. 2a)* 1. To return something to someone or somewhere. *(Used with u (to) for people and ku for places):* Sarkaalka socdaalka baa wiilka diyaaradda ku celiyay – *The immigration officer has returned the boy to the airplane.* 2. To keep someone somewhere against his/her will. *(Used with ku (in/at)):* Booliiska ayaa nagu celiyay kontoroolka – *The police have kept us at the checkpoint.* 3. To repeat something. *(Used with ku):* Miyaad ku celin kartaa magaca aad ii sheegtay? – *Can you repeat the name you have told me?* 4. To protect someone or something against; to shield. *(Used with ka (against)):* Darbigan baa naga celin doona dabaysha weyn oo socota – *This wall will shield us from the strong wind blowing.* Celin (n).

Cidlood *(intr. – conj. 3a)* To get lonely. Waan cidloodaa marka aan tago dal cusub – *I get lonely when I go to a new country.* Cidlo (n): loneliness.

Ciyaar *(trans. – conj. 1)* 1. To dance. Wuxuu ciyaarayaa hogol-fiid – *He is dancing the Hogolfiid* (a Somali traditional night dance). 2. Play a game. Waxaan ciyaaraa kubadda kolayga – *I play basketball. (Used with ka (in)):* Buulle wuxuu ka ciyaaraa Talyaaniga – *Buulle plays (for a football club) in Italy. (Used with u (for)):* Cali wuxuu u ciyaaraa kooxda Horseed – *Cali plays for Horseed football club. (Used with la (with)):* Waxaan la ciyaaraa Cabdi kubadda miiska – *I play* *table tennis with Cabdi.* Ciyaaris (n). Ciyaar (n): a game or match. Variant spelling: ciyaadh

Codso *(intr. – conj. 3a)* To apply for something; to ask. *(Used with ka (for)):* Waxaan ka codsaday Axmed inuu i baro xisaabta – *I have asked for Axmed to teach me mathematics.* Codsasho (n). Codsi**ga** (n): application

Curi *(trans.-conj. 2a)* To compose or write (e.g. a song). Heestan waxaa curiyay riwaayad – sameeye caan ah sanadkii hore – *This song was written by a popular playwright last year.* Curin (n). Curis**ka** (n): essay. Variant spelling: cudhi

D

Da' *(intr. – conj. 1)* To rain. Roob baa da'aya hadda – *It is raining now.* Miyuu roob di'i doonaa berri? – *Will it rain tomorrow?* Di'is (n).

Daa *(trans. – conj. 2b)* 1. To release; to let go of something. Laba nin ayaa xabsiga laga sii daayay shalay – *Two men were released from the jail yesterday.* I daa – *Leave me alone* 2. To quit; give up (e.g. smoking) *(Used with the reflexive pronoun* 'is' *(self) and* ka – iska*):* Cabista sigaarka iska daa! – *Stop smoking cigarettes!* SMA: dhaaf *(conj. 1).* Soo daa! – *Bring it on!/release it!* Dayn (n).

Daac *(intr. – conj. 1)* To burp. Ilmuhu wuu daacaa – *The baby burps.* Daaco (n).

Daaci *(trans. – conj. 2 a)* To make a child burp after drinking milk or eating porridge; to make a baby bring up wind. *(Used with* ka*):* Ilmaha ka daaci! – *Make the baby burp!* Daacin (n).

Daadi *(trans. – conj. 2a)* 1. To spill. Waxaan daadiyay caano – *I have spilled milk. (Used with* ku *(on)):* Caano ayay ku daadisay miiska – *She has spilled milk on the desk.* May wanaagsana in dhiig la daadiyo – *It is not good to shed blood (bloodshed is not good).* Afgambi dhiig uusan ku daadan – *A bloodless coup (lit: a coup in which blood was not shed).* 2. To dismantle; to disband a group by using political ingenuity. *(Used with* kala *(apart)):* Madaxweynaha oo doonaya inuu kala daadiyo mucaaradka – *The* president wants to dismantle the opposition. Daadin (n).

Daado *(intr. – conj. 3b)* To be spilt. Biyuhu way daateen – *Water has been spilt. (Used with* ku *(on) or* ka *(from)).* Daadasho (n).

Daah *(intr. – conj. 1)* To be late. *(Used with* soo, ku *(at) or* ka *(for)).* SMA: raag *(conj. 1):* Miyuu Jaamac ka daahay dugsiga shalay? – *Was Jaamac late for school yesterday?* Haddii aadan toosin goor hore shaqada ayaad ka daahi doontaa – *If you don't get up early you will be late for work.* Daahis (n).

Daahi *(trans. – conj. 2a)* To make someone late. *(Used with* ka *(for)):* Shaqada ayuu iga daahiyay – *He made me late for work.* Daahin (n).

Daahiri *(trans. – conj. 2a. arb.)* To make something clean for prayer (e.g. clothes). Waan daahirinayaa dharkayga si aan Jimcaha ugu tukado masaajidka – *I am cleaning my clothes in order to pray at the mosque on Friday.* Daahirin (n).

Daaji *(trans. – conj. 2a)* To let an animal graze; to take/bring an animal to pasture. Ninku wuxuu geela daajinayaa daaqsin wanaagsan – *The man is letting the camel graze on good pasture.* Daajin (n).

Daal *(intr. – conj. 1)* To be tired. *(Simple past is used to express simple present in English):* Wuu daalay inanku – *The boy has got tired. (Used with* ka/ku *(of/in)):* Wuu ka daalay tegista xeebta Sabti kasta – *He is tired*

of going to the seaside every Monday. Cabdi wuu ku daalay dhegeysiga heestan – *Cabdi is tired of listening to this song.* Miyaad shaqada guriga ku daashaa? – *Do you get tired of home chores?* Daal**ka** (n): tiredness SMA: noog *(conj. 1).*

Daali *(trans. – conj. 2a)* To make someone tired. Wax-qorista ayaa daalisa Sahra – *Writing makes Sahra tired.* Daalin (n). SMA: nooji *(conj. 2a).*

Daaq *(trans/intr. – conj. 1)* To browse (on) a pasture. Geelu wuu daaqayaa – *Camels are browsing.* Daaqis (n); Daaq**a** (n): pasture/range.

Daar *(trans. – conj. 1)* 1. To turn on. Nalka daar! – *Turn on the light!* (*Used with* ka *(at)):* Ka daar nalka halkaas – *Turn on the light in there.* 2. *(trans.)* To happen to someone. *(Used with* ku*):* Maxaa ku daaray? – *What has happened to you?* SMA: Maxaa kugu dhacay/maxaa ku helay? Daaris (n).

Daawo *(trans. – conj. 3a)* To watch. Ciyaarta waad ka daawan kartaa baarka – *You can watch the match at the bar.* La daawo filimka Axmed! – *Watch the film with Axmed!* Daawasho (n). SMA: fiirso *(conj. 3a).*

Dab *(trans. – conj. 1)* 1. To catch something using a bait/ trap. Waxaan dabay sakaaro – *I have caught an antelope in a trap.* 2. *(intr.)* To close one eye either because of pain or inability to look at an intense light. Isha ayaan dabaa marka qoraxdu ifayso – *I close one of my eyes when the sun is shining.* 3.

(trans.) To braid; to plait hair. *(Used with u (for)):* Gabadhu waxay tidhi, 'Ii dab timaha' – *The girl said, 'Braid my hair'*. Dabis (n).

Dabaalo *(intr. – conj. 3b)* To swim. Way dabaalataa maalin kasta – *She swims every day*. *(Used with ku (in)):* Waxaan ku dabaashaa webiga – *I swim in the river*. Dabaalasho (n). Dabaa**sha** (n): swimming.

Dabo-gal *(trans. – conj. 1)* To track someone; to put someone under surveillance. Booliiska ayaa dabo-gali doona tuugada guryaha jabsata – *The police will put the burglars under surveillance*. Dabagal**ka** (n).

Dabbaal-deg *(intr. – conj. 1)* To be in festive mood; to celebrate. *(Used with u (for)):* Waan dabbaal-degayaa: *I am in festive mood*. Dabbaal-degis (n). Dabbaal-deg**ga** (n): celebration.

Daf *(trans. – conj. 1)* To snatch something. Tuuggu wuu dafay boorso – *The thief has snatched a bag*. *(Used with ka (from)):* Tuug baa gabadha boorso ka dafi gaadhay – *A thief has nearly snatched a bag from the girl*. Dafis (n).

Dafir *(trans. – conj. 1)* To deny something in spite of evidence or witness. Wuu dafiray inuu caayay inanka – *He denied that he had insulted the boy*. Dafiris (n). Dafir**ka** (n).

Dalbo *(trans. – conj. 3a arb.)* To order. Waxaan dalbanayaa kalluun – *I am ordering fish*. Dalbasho (n).

Dambee *(intr. – conj. 2b)* 1. To be the last. *(Used with u/ugu):* Aniga ayaa ugu dambeeya xafiiska – *I am the last in the office*. 2. To be situated behind something. *(Used with ka):* Guriga Cali wuxuu ka dambeeyaa saldhigga booliiska – *Cali's house is behind the police station*. 3. To be behind an action/event. *(Used with ka):* Lama garanayo kooxda ka dambaysa qaraxa – *The group behind the explosion is not known*. Jimcaale ayaa ka dambeeya ismaan-dhaafka noo dhexeeya – *Jimcaale is behind the misunderstanding between us*. 4. To acknowledge another's skills, ability, cleverness. *(Used with ka):* Waan ka dambeeyaa Axmed waayo wuxuu shaqeeyaa shan iyo toban saacadood maalin kasta – *I admire Cali because he works fifteen hours every day*. 5. To stay behind. *(Used with ku (in) and in simple present tense but can mean now or habitual if used with phrases such as maalin kasta (every day)):* Raage wuxuu weli ku dambeeyaa xafiiska – *Raage is still at the office*. 6. To become of; to befall. *(Used with ku):* Muxuu Rooble ku dambeeyay? – *What has become of Rooble?* 7. To end up in a place and stay. *(Used with ku):* Sahra waxay ku dambeysaa Faransiiska – *Sahra has ended up in France*. Dambayn (n). Kala-dambayn (n): law and order.

Danee *(trans. – conj. 2b)* To show interest in something. Cali baa danaynaya barashada xisaabta – *Cali is interested in learning mathematics*. Danayn (n).

Dawee *(trans. – conj. 2b arb.)* To cure someone. Waa lagu daweeyay, sow ma aha? – *You have been given medication, haven't you? (Used with* ka *(of) and* ku *(with)):* Miyaa qof laga dawayn karaa qaaxo? – *Can someone be cured of tuberculosis?* Ku dawee Faarax dawo dhaqameed! – *Cure Faarax with a traditional medicine!* Dawayn (n). Variant spelling: daawee.

Dedeji *(trans. – conj. 2a)* To rush something. Waan dedejiyaa shaqadayda intaysan qorraxdu dhicin – *I rush my work before the sun sets.* Dedejin (n). SMA: boobsii *(conj. 2a).*

Deg *(trans. – conj. 1)* 1. To settle. Waxaan degi doonaa magaalo – *I will settle in a town.* 2. *(intr).* To sink. Doontu way degi gaadhay – *The boat has nearly sunk.* 3. To come downstairs. *(Used with* soo): Inanku wuu soo degay – *The boy has come downstairs.* 4. To alight. Gaariga ayaan ka soo degi doonaa – *I will alight from the car.* 5. To go down (e.g. temperature). Heer-kulku wuu degi doonaa – *The temperature will go down.* 6. To calm down. Saaka wuu cadhaysnaa haddase wuu degay – *He was angry in the morning but now he has calmed down.* 7. (Of airplanes). To touch down; land. *(Used with* soo): Diyaaraddu way soo degtay – *The plane has touched down.* Degis (n).

Degdeg *(intr. – conj. 1)* 1. To be in a rush/to rush. Waan degdegayaa – *I am rushing.* 2. To be reckless. May fiicna in la degdego – *It is not good to be reckless. (Used with* ku): Wuu ku degdegaa hadalka – *He speaks thoughtlessly.* Degdegis (n).

Deji *(trans. – conj. 2a)* To sink. Doonta waa la dajin gaadhay – *The boat was nearly sunk.* 2. To calm someone down. Faarax baa i dejiya markaan cadhoodo – *Faarax calms me down when I get angry.* 3. To accommodate someone. Sooyaan baa la dejiyay Bariga London – *Sooyaan was accommodated in East London.* Dejin (n).

Diir *(trans. – conj. 1)* To peel. Miyaad cambaha ii diiri kartaa adigoo mahadsan? – *Could you peel the mango for me please?* Diiris (n).

Dir *(trans. – conj. 1)* To send. *(Used with* u *(to)):* Warqad baan walaalkay u dirayaa – *I am sending a letter to my brother.* Miyaad telefoon ii soo diri doontaa hadhow? – *Will you phone me later?* Diris (n).

Diyaargarow *(intr. – conj. 1)* To be prepared. *(Used with* u *(for)):* Waxaan u diyaargaroobayaa socdaal – *I am getting ready for a journey.* Diyaargaroobis (n).

Diyaari *(trans. – conj. 2a)* To prepare. Miyay Sureer qadada diyaarisay? – *Has Sureer prepared the lunch?* Diyaarin (n).

Diwaangeli *(trans. – conj. 2a)* To register, enrol. Dugsigu wuxuu diiwaan-gelinayaa ardayda – *The school is enrolling students.* Diiwaan-gelin (n).

Doon *(trans. – conj. 1)* To want. *(Used in present continuous tense to convey simple present in English):* Waxaan doonayaa inaan tago xeebta – *I want to go to the beach.* Doonis (n)

Doondoon *(trans. – conj. 1)*
To search; to look for. Maxaad doondoonaysaa? – *What are you looking for?* Doondoonis (n).

Doono *(intr. – conj. 3b)* To go and get something; to fetch. *(Used with u (for)):* Gaadhi cusub baan suuqa u doonanayaa – *I am going to get a new car at the market. (Used with* soo*):* Gaadhi buu Jaamac ii soo doontay – *Jaamac has come to me to get a car.* Warsame baan qaamuus u doonanayaa – *I am going to Warsame to get/for a dictionary.* Doonasho (n).

Dur *(trans. – conj. 1)* 1. To inject someone; to give someone an injection. Maan jecli in la i duro – *I don't like having injections.* 2. To criticise a religious leader for inconsistency. Sheekha waxaa lagu duraa isbedbeddel – *The Sheikh is criticised for inconsistency.* Duris (n).

Duul *(intr. – conj. 1)* 1. To fly; to take off (e.g. from a place). Diyaaraddu way duushay – *The airplane has taken off.* SMA: kac *(conj. 1)* 2. *(trans.)* To wage war or mount a raid. Burcad may ku duulin degmada – *Robbers have not raided the town.* Duulis (n). Duullaan**ka** (n): attack. SMA: weerar *(conj. 1).*

Dh

Dhaaf *(trans. – conj. 1)* 1. To pass. Waan dhaafayaa waddada – *I am passing along the road.* 2. To outrun. Miyaad Geelle dhaaftay? – *Have you outrun Geelle?* 3. To leave someone alone. I dhaaf! – *Leave me alone!* 4. To quit a habit. *(Used optionally with iska):* Waan (iska) dhaafay sigaarka – *I have stopped smoking.* Dhaafis (n).

Dhaami *(trans. – conj. 2a)* To go and collect water from a well. *(Used with* soo*):* Biyo ayuu ceelka ka soo dhaamiyaa – *He fetches water from the well.* Dhaamin (n).

Dhaan *(trans. – conj. 1)* 1. To be better than someone/something. Gaadhigaagu wuu dhaamaa kayga – *Your car is better than mine.* Walaalkaa wuu ku dhaamaa – *Your brother is better than you.* 2. To be better at doing something than someone else. *(Used with ku (at)):* Siciid wuu kugu dhaamaa karinta bariiska – *Siciid is better than you at cooking rice.* Dhaamis (n).

Dhaari *(trans. – conj. 2a)* To make someone take an oath. Maanta ayaa la dhaarinayaa golaha wasiirrada – *Today the cabinet will be made to take an oath.* Dhaarin (n).

Dhaaro *(intr. – conj. 3b)* To take an oath. Wuu dhaartay – *He took an oath.* 2. *(trans.)* To make a threat against someone. *(Used with u):* Miyuu tuuggu ninka u dhaartay? – *Has the thief made threats against the man?* Dhaarasho (n).

Dhac *(intr. – conj. 1)* To fall. Waan dhacay – *I fell down. (Used with* ka soo *(from)):* Inantu waxay ka soo dhici gaadhay miiska shalayto – *The girl nearly fell off the desk yesterday.* 2. *(intr.)* (Of telephones). To ring. Telefoonka ayaa dhacaya – *The telephone is ringing.* 3. *(trans.)* To rob; to defraud someone of money. Miyuu ninku lacag kaa dhacay? – *Has the man defrauded you of money?* 4. *(intr.)* To happen. London waxaa ka dhaca tartanka teeniska – *A tennis tournament takes place in London.* Maxaa dhacay? – *What happened? (Used with* ku *(to)):* Maxaa ku dhacay Cabdi? – *What happened to Cabdi?* 5. *(intr.)* (Of medicine). To expire. Dawadu waxay dhacaysaa bisha dambe – *The medicine will expire next month.* 6. *(intr.)* To err, to make a mistake. *(Used with* gef *and* ka*):* Axmed waxaa ka dhacay gef – *Axmed has made a mistake.* 7. To fail in an examination. *(Used with* ku *(in) optionally)):* Faarax muu ku dhicin imtixaanka – *Faarax has not failed in the exam.* 8. *(Used with* la) *(a)* To hit someone with something (e.g. a stick). Askarigu wuxuu tuugga la dhici gaadhay ul – *The soldier has nearly beaten up the thief with a stick. (b)* To like something; to be fond of. SMA: ka hel and u bog *(both conj. 1)* Waan la dhacay riwaayadda – *I liked the play.).* 9. *(intr.)* (Of the sun). To set. Soomaaliya qorraxdu waxay dhacdaa lixda – *The sun sets at six in Somalia.* 10. *(geog.)* To be located on a map. Somalia waxay dhacdaa Geeska Afrika – *Somalia is located in the Horn of Africa.*

Dhadhami *(trans. – conj. 2a)* To taste. Miyaad dhadhamisay caano geel

weligaa? – *Have you ever tasted camel milk?* Dhadhamin (n).

Dhal *(trans. – conj. 1)* 1. To give birth. Miyay Sureer dhashay? – *Has Sureer given birth?* SMA: ummul *(conj. 1).* 2. To result in. Dagaalku wuxuu dhalay macaluul baahsan – *The war has resulted in a widespread famine.* Dhalis (n).

Dhali *(trans. – conj. 2a)* 1. To score a goal. Samatar baa goolkii koowaad dhaliyay – *Samatar has scored the first goal.* 2. To result in. Dagaalku wuxuu dhaliyaa barakac – *The war results in displacement.* 3. *(Used with* ka*):* To help someone give birth. Ummulisadu way ka dhalisay naagta – *The midwife has helped the woman give birth.* Dhalin (n).

Dhalo *(intr. – conj. 3b)* To be born. Gormaad dhalatay? – *When were you born?* 2. *(Used with* u/ku *in simple past to convey simple present in English):* To belong to a place/hail from. Ninku wuxuu u dhashay Ruushka – *The man hails from Russia.* 3. *(Used with* la *and in simple past to convey simple present in English):* To be a brother or sister of someone. Jaamac wuxuu la dhashay Ayaan – *Jaamac is a brother of Ayaan.* 4. To result from. *(Used with* ka *(from)):* Biyo-yaridu waxay ka dhalatay abaarta – *Water shortages resulted from the drought.* Dhalasho (n).

Dhammee *(trans. – conj. 2b)* 1. To finish. Dhammee dhisidda guriga ka hor bisha Janaayo! – *Finish building the house before January! (Used with* ka *optionally):* Ka dhammee caanaha koobka – *Drink all the milk in the cup.*

(Used with ku *(within/inside of)):* Waxay ku dhammaysay hawsha hal bil – *She has finished the work within one month.* SMA: bog *(conj. 1).* 2. To resolve. Waannu dhammaynay ismaandhaafkii noo dhexeeyay – *We have resolved the misunderstanding between us.* Dhammayn (n).

Dhammow *(intr. – conj. 3a)* To come to an end. Sanad-dugsiyeedku wuxuu dhammaadaa bisha Julaay – *The school year comes to an end in July.* 2. To run out. Shidaalkii wuu dhammaaday – *The fuel has run out.* Dhammaad**ka** (n). SMA: idlow *(conj. 3a).*

Dhan *(trans. – conj. 1)* To drink milk. Caano ayaan dhamaa maalin kasta – *I drink milk every day.* Dhamis (n).

Dhaq *(trans. – conj. 1)* To wash. Dharka ayaan dhaqaa Sabti kasta – *I wash clothes every Saturday.* Dhaqis (n). SMA: maydh *(conj. 1).*

Dhaqo *(trans. – conj. 3b)* To care for a family. NInku reerkiisa wuu dhaqdaa – *The man looks after his family.* 2 To breed. Reer Rooble waxay dhaqdaan lo' – *The family of Rooble breed cattle.* Dhaqasho (n).

Dhawaaq *(intr. – conj. 1)* 1. To announce. Ra'iisal Wasaaraha ayaa ku dhawaaqi doona siyaasado cusub – *The prime minster will announce new policies.* 2. To pronounce. *(Used with* ku). Miyaad ereygan ku dhawaaqi kartaa? – *Can you pronounce this word?* Dhawaaqis (n). SMA: dheh *(conj. 1).*

Dheel *(trans. – conj. 1)* To play. Ilmuhu waxay ku dheelayaan bannaanka – *Children are playing outside.* Dheelis (n). SMA: ciyaar *(conj. 1).*

Dhegeyso *(trans. – conj. 3b)* 1. To listen. Dhegeyso cajalladdan! – *Listen to this cassette! (Used with* ka *optionally (from)):* Ka dhegeyso hadalkiisa – *Listen to what he is saying.* 2. To fail to listen to; to ignore. *(Used as in sentence (1) above but with the opposite meaning):* Maxaad ii dhegeysataa marka aan kula hadlayo? – *Why do you not listen to me when I am talking to you?* Dhegaysasho (n).

Dheh *(trans. – conj. 1)* To say. Muxuu Jaamac dhihi doonaa? – *What will Jaamac say? (Used with* ku (to)): Maxaan kugu dhahay? – *What have I said to you?* Dhihis (n). SMA: odho *(irr. v).*

Dheji *(trans. – conj. 2a)* To stick. Warqaddan derbiga ku dheji! – *Stick this paper on the wall.* Dhejin (n).

Dhereg *(intr. – conj. 1)* To be satisfied; to have sufficient quantity of something. Waan dhergay oo cunto maan cuni karo – *I am satisfied and cannot eat any more food. (Used with* ka*):* Miyaad ka dheregtay caanaha? – *Have you had sufficient milk?* Dhergis (n).

Dhexdhexaadi *(trans. – conj. 2a)* To broker a peace between two groups. Dalkee baa isku dayay inuu dhexdhexaadiyo dagaal-oogayaasha Soomaaliya? – *Which country has tried to broker peace among Somali warlords?* Dhexdhexaadin (n). Dhexdhexaadiye

(n): peacemaker. Dhexdhexaadnimo
(n): impartiality.

Dhexee *(trans.-conj 2b)* To be in
between. (*Used with* u): Guriga
Huruuse wuxuu u dhexeeyaa
farmashiyaha iyo dukaanka – *Huruuse's
house is between the pharmacy and the
shop.* Dagaalku wuxuu u dhexeeyay
laba maleeshiyo beeleed – *The war was
between two clan militias.* Dhexeyn (n).

Dhib *(trans. – conj. 1)* To trouble
someone; irritate. Madax-xanuun baa
mararka qaarkood i dhiba – *Headaches
sometimes trouble me.* 2. (Of tasks). To
prove difficult. Shaqadan miyay ku
dhibtaa? – *Is this work proving difficult
for you?* Dhib ma leh! – *No problem!*
Dhibis (n).

Dhici *(intr. – conj. 2a)* 1. To miscarry.
May dhicin haweenaydu – *The
woman has not miscarried.* 2. To protect
against (e.g. violence). *(Used with* ka
(against)): Askariga ayaa tuugga iga
dhiciyay – *The soldier has protected me
against the thief.* Dhicin (n).

Dhicisow *(intr. – conj. 1)* (Of coup
d'etat) To be aborted. Afgambigu wuu
dhicisoobay – *The coup has been aborted.*
Dhicisoobis (n).

Dhig *(trans. – conj.1)* 1. To put/place
something. Waxaan dhigay qalinka
sanduuqa dhexdiisa – *I have put
the pen in the box.* 2. To write. Dhig
magacaaga! – *Write your name!* 3. To
change something into something,
to make someone into something.
(Used with ka*):* Cabdi ayaa Rooble

ka dhigay bare – *Cabdi has made
Rooble a teacher.* 4. To dismantle; to
take apart. *(Used with* kala *(apart)):*
Farsamoyaqaanku wuu kala dhigay
enjiinka gaadhiga – *The technician has
dismantled the car engine.* 5. To park.
Gaadhigayga waxaan dhigay halkaas – *I
have parked my car there.* 6. To teach
a subject. Jimcaale wuxuu dhigaa
saynis – *Jimcaale teaches science.* Dhigis
(n).

Dhis *(trans. – conj. 1)* To build. Xabsi
cusub ayaa magaalada laga dhisayaa – *A
new jail will be constructed in the town.*
Dhisid (n).

Dhoof *(intr. – conj. 1)* To travel.
Sanadkii hore ayuu Sooyaan u dhoofay
Masar – *Last year Sooyaan travelled to
Egypt.* Dhoofis (n). SMA: socdaal, and
ambabax and safar *(all conj.1).*

Dhoofi *(trans. – conj 2a)* To export.
Soomaaliya waxay dhoofisaa
xoolaha – *Somalia exports livestock.*
Dhoofin (n)

Dhowee *(trans. – conj. 2b)* 1. To bring
sb/sth closer; to welcome. *(Used with
soo):* Walaalkay baa igu soo dhoweyn
doona saldhigga tareenka – *My brother
will welcome me at the train station.* 3. To
bid farewell. *(Used with* sii*):* Farduus
baan sii dhoweynayaa – *I am bidding
farewell to Farduus.* Dhoweyn (n).

Dhowow *(intr. – conj. 3a)* To get
close; approach. *(Used with* soo *and in
a past tense in Somali to mean present
tense in English):* Fasaxa dugsigu wuu
soo dhowaaday – *The school holiday*

is near/is approaching. 2. To make a
breakthrough (e.g. in talks). *(Used with*
isu soo *(each other))*: Labada siyaasi
way isu soo dhowaadeen − *The two
politicians have made a breakthrough in
the talks.* Sow dhowow - *Welcome.*
Dhowaansho (n): nearness.

Dhufo *(trans. − conj. 3b)* To hit. *(Used
with* ku *(with))*: Dukaanluhu muu ku
dhufan tuugga ul − *The shopkeeper
has not hit the thief with a stick.* 2.
To multiply (maths). Seddex lagu
dhuftay laba waa lix − *Three multiplied
by two is six.* 3. To play someone off
against another. *(Used with* isku*)*:
Yoonis baa isku dhuftay Jeelle iyo
Haaruun − *Yoonis has played Jeelle and
Haaruun off against each other.* Dhufasho
(n).

Dhuumo *(intr. − conj. 3b)* To hide.
Bisaddu waxay ku dhuumanaysaa
qolka − *The cat is hiding in the room.*
Dhuumasho (n).

Dhuux *(trans. − conj.1)* To eat the
marrow in a bone. Wuxuu dhuuxay
laftii − *He ate the marrow.* 2. To
understand something fully. SMA:
garo *(conj. 3b)* and faham *(conj. 1 arb)*.
Haddii aad dhuuxday casharka, ka
shaqee layliskan − *If you have understood
the lesson, do this exercise.* Dhuuxis (n).

E

Eed *(trans. − conj. 1)* To suffer as
result of a bad choice. Waan eeday
macmacaankii aan cunay shalay − *I
have suffered as a result of the sweets I ate
yesterday.* Eedis (n). SMA: eerso *(conj.
3a).*

Eedee *(intr. − conj. 2b)* To accuse, to
blame. *(Used with* ku *(for))*: Way kugu
eedeyeen luminta lacagta − *They
blamed you for losing the money.* Eedayn
(n).

Eeg *(trans. − conj. 1)* To look at. Sahro
waxay eegaysaa daaqadda − *Sahro is
looking at the window. (Used with* ka*)*. Ka
eeg ereyga cusub qaamuuska! − *Look
up the new word in the dictionary.* Eegis
(n).

Eegeeg *(trans. − conj. 1)* To
look around, to look for (when
searching something). Maxaad
eegeegaysaa? − *What are you looking for?*
Eegeegis (n).

Eerso *(trans. − conj. 3a)* To suffer
because of a bad choice. Miyaad
eersatay cabista sigaarka? − *Have you
suffered because of smoking cigarettes.*
Eersasho (n). SMA: eed *(conj. 1).*

Eexo *(trans. − conj. 3a)*: To favour
someone. *(Used with* u*)*: Garsooruhu
cidna muu u eexdo − *The judge does not
favour anyone.* Eexasho (f). Eex**da** (n):
favouritism; nepotism.

Ekee *(trans. − conj. 2b)* (Of tasks). To
stop at a given level *(Used with* ku*)*:

Waxaan ku ekeeyey akhriska bogga shan iyo tobnaad – *I have stopped reading at page fifteen.* Ekayn (n).

Eri *(trans. – conj. 2a)* To fire someone, to sack. *(Used with* ka *(from)):* Yaa shaqo laga eriyay? – *Who has been sacked from the job.* Erin (n). Variant spelling: edhi. SMA: cayri *(conj. 2a).*

Eryo *(trans. – conj. 3a)* To chase someone. Tuugga buu eryanayaa – *He is chasing the thief.* Eryasho (f). Variant spelling: edhyo. SMA: cayrso/caydhso *(conj. 3a).*

F

Faaf *(intr. – conj. 1)* (Of news or disease). To spread. Cudurku wuu faafi karaa haddii aan laga hortagin – *The disease could spread if it is not prevented.* Faafis (n).

Faafi *(trans. – conj. 2a):* (Of news or disease). To cause to spread. Yaa warka faafiyay? – *Who has spread the news?* Faafin (n).

Faag *(trans. – conj. 1)* To dig something out by hand. *(Used with* ku *(with)):* Maxaad faagaysaa? – *What are you digging out?* Faagis (n). SMA: qod *(conj. 1).*

Faahfaahi *(intr. – conj. 2a)* To give details. Miyaad faahfaahin kartaa mashruuca ujeeddadiisa? – *Can you give details about the aims of the project?* Faahfaahin (n).

Faali *(intr. – conj. 2a)* To prophesy using magic; foretell another's future. Wuu faaliyaa – *He makes prophecies.* *(Used with* u *(for)):* Faaliye baa kuu faaliyay – *A seer has made a prophesy for you.* Faalin (n).

Faan *(intr. – conj. 1).* To brag, boast. Waan faanaa – *I boast.* *(Used with* ku *(about)):* Waxay ku faanaan deeqsinimo – *They boast about generosity.* *(Used with* ka*):* To abhor, despise something. Waan ka faanaa dhabcaalnimada – *I despise tight-fistedness.* Faanis (n).

Fadhi (*intr. – conj. 2a*) To be seated. (*Simple present and simple past are used in Somali to convey present continuous and past continuous tense meanings in English*). Wuu fadhiyaa baarka dhexdiisa – *He is sitting in the bar.* Miyaad shalay fadhisay maqaayadda? – *Were you sitting at the restaurant yesterday?* Fadhin (n). Fadhi**ga** (n): a meeting.

Fadhiiso (*intr. – conj. 3a*) To sit down. (*Used with with ku (on)):* Miyaad ku fadhiisanaysaa kursigan? – *Are going to sit on this chair?* Soo fadhiiso! – *Have a seat!* Fadhiisasho (n). Variant spelling: fariiso.

Faham (*trans. – conj. 1 arb.*) To understand something. (*Used in the simple past but can have a simple past or simple present tense meaning):* Waan fahmay waxaad tidhi – *I have understood what you said.* Fahmis (n). SMA: dhuux (*conj. 1*) and garo (*conj. 3b*).

Fal (*trans. – conj. 1*) 1. To do. Waxaad falaysaa wax xun – *You are doing something bad.* 2. To till the field/the ground. Jaamac wuxuu falaa beerta maalin kasta – *Jaamac tills the field every day.* 3. To bewitch someone by using sorcery. Miyaa la falay ninka? – *Has the man been bewitched?* SMA: sixir (*conj. 1 arb.*) Falis (n). Fal**ka** (n): 1. Sorcery 2. Verb (*gram.*).

Faq (*trans. – conj. 1*) To have a private chat with someone. Miyay labada nin faqayeen? – *Were the two men having private chat?* Faqis (n).

Far (*trans. – conj. 1*) To instruct; to command someone. Wuu ku faray inaad tagto Muqdisho maanta – *He instructed you to go to Mogadishu today.* Faris (n). SMA: amar (*conj. 1 arb.*) Farriin**ta** (n): message.

Farax (*intr. – conj. 1 arb.*) To be happy. Waan farxaa markii kooxdaydu guuleysato – *I am happy when my team wins.* (*Used with* ku (with)): Miyaad helista jawaabta ku faraxday shalay? – *Were you happy with the reply you got yesterday?* Farxis (n).

Faree (*trans. – conj. 2b*) To spoil food by putting one's fingers in it. Cuntada ma la fereeyo waase in qaaddo la adeegsado – *One should not put one's fingers in the food but a spoon must be used.* Farayn (n).

Farogeli (*trans. – conj. 2a*) To intervene; to interfere. Maan farogelin doono talooyinka guddiga – *I will not interfere in the committee's recommendations.* Farogelin (n).

Farxi (*trans. – conj. 2a arb.*) To make someone happy. (*Used with* ka): Miyuu aabbahaa kaa farxiyay shalay? – *Did your father make you happy yesterday?* Farxin (n).

Feer (*trans. – conj. 1*) To punch someone. Muu feerin Rooble – *He didn't punch Roble.* Feeris (n).

Feeree (*trans. – conj. 2b itl.*) To iron clothes. Ma adigaa dharka feereeya? – *Do you iron clothes? (Used with u (for)):* Waan kuu feerayn karaa

21

dharka toddobaad kasta – *I can iron clothes for you every week.* Feerayn (n). SMA: kaawiyadee *(conj. 2b arb.).*

Feertan *(trans. – conj. 1)* To box; to have a boxing match *(Used for two people):* Guuleed iyo Aweys baa caawa feertamaya – *Guuleed and Aweys will have a boxing match tonight.* Feertamis (n).

Feker *(trans. – conj. 1 arb.)* To think; to worry. Waan fekerayaa – *I am thinking. (Used with* ka *(about)):* Cali wuxuu ka fekerayaa ganacsigiisa – *Cali is thinking/ worrying about his business.* Fekeris (n).

Fid *(intr. – conj. 1)* (Of diseases and news) To spread. Warkii si degdeg ah buu u fiday – *The news has spread quickly. (Used with* ku *(on)):* Nasiib-wanaag, cudurku muu ku fidin jirkiisa – *Fortunately, the disease has not spread in his body.* Fidis (n).

Fidi *(trans. – conj. 2a)* 1. To spread something out (e.g. a mat). *(Used with* ku *(on)):* Miyaad ku fidisay salliga qolka? *Have you spread out the mat in the room?* 2. (Of ideas) To propagate. Wargeys fidiya fikradaha hanti-goosiga – *A magazine that spreads capitalist ideas.* Fidin(n)

Fiiri *(intr. – conj. 2a)* To look at. Geed baad fiirisay – *You have looked at a tree.* Fiirin (n).

Fiirso *(trans. – conj. 3a)* 1. To watch, to look at something oneself. Filim baan fiirsan doonaa galabta – *I will watch a film in the afternoon.* 2. Observe, pay

attention to. *(Used with* u*):* U fiirso dhaqanka Soomaalida! – *Observe/ pay attention to the Somali culture!* 3. To find fault with. *(Used with* u*):* Miyaan kuu fiirsaday? – *Have I found fault with you?* 4. To think about. *(Used with* ka *(about)):* Waan ka fiirsanayaa tagista London – *I will think about going to London.* Fiirsasho (n). SMA: ka feker *(conj. 1 arb.).*

Fogee *(intr. – conj. 2a)* 1. To take something to a distant place. Ha fogeyn adhiga! – *Don't take the goats far away! (Used with* ka *(from)):* Ka fogee qashinka gurigayga – *Take the rubbish further away from my house. (Used with* ku *(in)):* Ku fogee musmaarka derbiga – *Put the nail deep into the wall.* 2. To distance one's self from something. *(Used with* iska*):* Cabdi wuxuu iska fogeeyay wixii wariyuhu ka yiri dagaalka – *Cabdi has distanced himself from what the reporter said about the war.* Fogeyn (n).

Foolo *(intr. – conj. 3b)* To have birth pains. Way foolanaysaa – *She is having birth pains.* Foolasho (n).

Foori *(intr. – conj. 2a)* To whistle. Yaa foorinaya? – *Who is whistling? (Used with* ku *(at)):* Maxaad iigu foorisay? – *Why did you whistle at me?* Foorin (n).

Fududee *(intr. – conj. 2b)* To simplify, to make something easier. Fududee isle'egtan! – *Simplify this equation! (Used with* u *(for)):* Maxaa kuu fududayn kara shaqadaada? – *What could make your job easier for you?* Fududayn (n).

Fududow *(intr. – conj. 3a)* To become reckless; to pay little attention to what you are doing or saying. Waxaan u malaynayaa inaad fududaatay – *I think you have been reckless.* Fududaansho (n).

Fuli *(trans. – conj. 2a)* To implement. Waxay fulinaysaa mashruuc caafimaad – *She is implementing a health project.* Fulin (n).

Fur *(trans. – conj. 1)* 1. To open. Fur albaabka! – *Open the door! (Used with* ka *(from)):* Ka fur Cali albaabka – *Open the door for Cali.* 2. To unfold or crack something open. *(Used with* u*):* Ii fur dhaladan – *Open this bottle for me.* 3. To divorce. Axmed muu furin xaaskiisa – *Axmed has not divorced his wife.* Furis (n).

Furan *(intr. – conj. 1 pass. v)* To be opened. Albaabku wuu furmay – *The door was opened.* Furmis (n). Variant spelling: fudhan.

Furo *(trans. – conj. 3b)* To open something for your own benefit. Dukaan cusub ayuu ka furi doonaa magaalada – *He will open a new shop in the town.* 2. To conquer. *(Usually used in a religious context):* Goorma ayaa Maka la furtay? – *When was Mecca conquered?* Furasho (n).

G

Gaabi *(trans. – conj. 2a)* 1. To make something short/to shorten. Miyaad gaabin kartaa surwaalkan si uu ii le'ekaado? – *Can you make these trousers shorter to fit me?* 2. To have a tendency to walk or run less fast; to be slow-moving/lethargic by nature. Siciid wuu gaabiyaa – *Siciid walks slowly.* 3. *(Used with* soo*):* To abbreviate. Maraykanka waxaa loo soo gaabiyaa USA – *America is abbreviated as USA.* 4. To cut short a visit. Madaxweynuhu wuu soo gaabiyay booqashadiisa si uu uga qaybgalo shirka golaha wasiirrada – *The president has cut short his visit to attend the council of ministers' meeting.* 5. *(Used with* ka*):* To fall short of. Waad ka gaabisay xilkaada – *You have fallen short of your responsibility.* Gaabin (n).

Gaabso *(trans. – conj. 3a)* To refuse to comment on an issue; to keep quiet about something. *(Used with* ka*):* Wasiirku wuu ka gaabsaday heshiiska dhexmaray labada dal – *The minister has not commented on the agreement concluded between the two countries.* Gaabsasho (n).

Gaabo *(intr. – conj. 3b)* To get shorter. Surwaalku wuu gaabtay waayo aniga ayaa dheeraaday – *The trousers have got shorter because I have got taller.* Gaabasho (n).

Gaad *(intr. – conj. 1)* To catch someone off guard. Wuu i gaaday – *He has caught me off guard.* Gaadis (n).

Gaadh *(trans. – conj. 1)* 1. To arrive. Gormaad gaadhay Jeddah? – *When did you arrive in Jeddah?* 2. To realise/achieve a goal. Miyuu gaadhi doonaa ujeeddadiisa – *Will he realise his goal?* 3. *(Used with* soo *to indicate a round trip):* To arrive at a place on round trip. Xalay ayuu Faarax London soo gaadhay – *Faarax arrived in London for a short trip last night.* Gaadhis (n). Variant spelling: gaar

Gaajood *(intr. – conj. 3b):* To get hungry. Waan gaajoodaa markaan saacado dheer shaqeeyo – *I get hungry when I work long hours.* Miyuu inanku gaajoonayaa? – *Is the boy hungry?* Gaajo (n). SMA: baaho *(conj. 3b).*

Gacan-sarree *(intr. – conj. 2b)* To have the upper hand (e.g. in match or in a war). Ciyaartu weli way socotaa kooxdaydaase gacan-sarraysa hadda – *The match is still going on but my team has the upper hand now.* *(Used with* ka*):* Ciidaanka dowladda ayaa ka gacan-sarreeya xoogagga mucaaradka – *Government troops have the upper hand over opposition forces.* Gacan-sarrayn (n).

Gacanta ku dhig *(trans. – conj. 1)* To capture, to apprehend. Booliisku weli tuuga gacanta may ku dhigin – *The police have not apprehended the thief yet.* Gacan-ku-dhigis (n).

Gacanta ku hay *(trans. – conj. 2b)* To control. Ciidamada dowladda ayaa gacanta ku haya magaalada – *The government troops control the town.* *(When used in a negative sentence, the negation comes before or after the (cluster) preposition e.g.* may ugu . . . /ugu may . . .):* Ciidamada dowladdu gacanta may ku hayaan magaalada – *The government troops do not control the town.* Gacan-ku-hayn (n).

Gacanta ku jir *(intr. – conj. 1)* To be the in hands of; to be under the control of. *(Used with* u *(of) and* ku*):* Magaaladu waxay gacanta ugu (u+ku) jirtaa mucaaradka hubaysan – *The town is under the control of the armed insurgents.* *(Used in a negative sentence, the negation comes before or after the (cluster) preposition* may e.g.* may ugu . . . /ugu may . . .):* Magaaladu hadda gacanta may ugu jirto mucaaradka hubaysan – *The town is not in the hands of insurgents now.* Gacan-ku-jiris (n).

Gad *(trans. – conj. 1)* To sell. Gaadhi baan gadayaa – *I am selling a car.* Gadis (n).

Gal *(trans. – conj. 1)* To enter; to get in. Miyaad gashay qolka? – *Have you got into the room?* Ma la geli karo – *No admittance.* 2. To win at a particular position. Kaalinta labaad buu galay – *He won the second place.* 3. To enter/sit/take an examination. Miyaad imtixaan geli doontaa bisha dambe? – *Will you take an examination next month?* Galis (n).

Gama' *(intr. – conj. 1)* To fall asleep. Waxaan ku gam'aa kursiga – *I fall asleep on the chair.* Gam'is (n). SMA: lulood *(conj. 3b).*

Garaac *(trans. – conj. 1)* 1. To knock (e.g. a door); to dial a telephone number. Telefoonka ayaan garaacayaa – *I am dialing the telephone number.* 2. (Of letters, documents etc). To type. Warqad baan garaacayaa – *I am typing a letter.* 3. To hit someone/ something hard. Yaa albaabka garaacaya? *Who is knocking at the door?* Garaacis (n). Variant spelling: gadhaac.

Garo *(trans. – conj. 3b)* To understand. *(Used in present continuous to convey simple present in English):* Waan garanayaa waxa aad ii sheegaysid – *I understand what you are telling me.* SMA: faham and kas *(both conj. 1 arb.)* 2. To recognise someone/something. Waan gartay Faarax markaan kula kulmay dekedda – *I recognised Faarax when I met him at the sea port.* Garasho (n).

Gedbax *(intr. – conj. 1)* To be frank with someone. *(Used with u):* Cabdi wuu noo gedbaxay – *Cabdi has been frank with us.* Gedbaxis (n).

Gee *(trans. – conj. 2b)* To take something or someone somewhere. Inantayda baan geeyaa dugsiga subax kasta – *I take my daughter to school every morning.* Geyn (n).

Geyso *(trans. – conj. 3b)* To make a grave mistake; to commit an unlawful or negative act; to perpetrate. Maxaan geystay? – *What grave mistake have I made? (Used with words* 'dhaawac' *(injury),* 'dhimasho' *(death), and* 'dhac' *(robbery):* Shil baa geystay dhaawac iyo dhimasho – *An accident caused injuries and deaths.* Labada tuug waxay dhac u

geysteen nimanka ganacsatada ah – *The two thieves robbed the businessmen.* Geysasho (n).

Go' *(intr. – conj. 1)* To be cut. Xariggu wuu go'ay – *The rope has been cut.* 2. To die (after lingering illness). Muu go'in ninku – *The man has not died.* Go'is (n).

Goo *(trans. – conj. 2b)* 1. To cut something. Goo xarrigga! – *Cut the rope!* 2. *(Maths.)* To subtract; to cut from. *(Used with ka (from)):* Lix ka goo afar – *Six take away four.* Ka goo xarigga tiirka – *Cut the rope from the pole. (Used with kala (apart; into two)):* Kala goo xarigga – *Cut the rope into two pieces. (Used with u (into)):* U kala goo xarigga seddex – *Cut the rope into three.* Goyn (n). Variant spelling: goy

Goob *(trans. – conj. 1)* To look for something. Waxay goobaysaa kabaheeda – *She is looking for her shoes.* Goobis (n). SMA: jiri and raadi *(both conj. 2a).*

Gub *(trans. – conj. 1)* To burn. Ninka beeralayda ahi wuu gubaa haramaha mararka qaarkood – *Sometimes the farmer burns weeds.* Gubis (n).

Gubo *(intr. – conj. 3b)* To get burnt. Waad guban gaadhay markaad qadada karinaysay – *You nearly got burnt when you were cooking the lunch.* Gubasho (n).

Gud *(trans. – conj. 1)* 1. To circumcise. Goorma ayaad gudi doontaa inankaaga? – *When will you circumcise your son?* 2. To compensate for something. *(Used with u. The person is *the first object):* Gaariga lumay buu ii guday – *He compensated me for the loss of my car.* 3. *(intr.)* To travel at night. Xalay buu Qowdhan guday – *Qowdhan travelled last night.* Gudis (n).

Gudub *(trans. – conj. 1) 1.* To pass; to cross. *(Used with* ka*):* Ka gudub waddada ! – *Cross the road! (Used with* u *(to)):* Jidka dhinaciisa kale baan u gudbay – *I crossed to the other side of the road.* SMA: dhaaf *(conj. 1).* 2. To pass something onto someone. *(Used with* u *(for, onto)):* Ii soo gudbi warqadda – *Pass the letter onto me. (Used with* ku *(in)):* Waan ku gudbay imtixaanka sayniska shalay – *I passed the science exam yesterday.* Gudbis (n).

Guduudo *(intr. – conj. 3b)* To become red/to redden/to blush. Wajigiisu wuu guduudatay – *His face has become red.* Guduudasho (n).

Guntan *(intr. – conj. 1 pass. v)* To be knotted. Xadhigu wuu guntamay – *The rope has become knotted.* Guntan**ka** (n).

Guuleyso *(intr. – conj. 3b)* 1. To succeed. Waan guuleystay – *I have succeeded. (Used with* ku *(in)):* Cali wuxuu ku guuleystay imtixaanka xisaabta – *Cali has succeeded in the mathematics examination.* 2. *(trans.)* To beat. *(Used with* ka*):* Kooxdaydu way ka guulaysatay kooxdaada shalay – *My team beat your team yesterday.* Cali wuu kaga (ka+ku) guuleystay Faarax tartanka booddada shalay – *Cali beat Faarax in the jumping competition yesterday.* Guulaysasho (n).

Guur *(trans. – conj. 1)* To relocate to a place. *(Used with* u *(to) and* ka *(from)):* Miyay Sahra ka guurtay New York oo u guurtay Minnesota? – *Has Sahra moved from New York to Minnesota?* Guuris (n). Guur**ka** (n): marriage.

Guuri *(trans. – conj. 2a)* 1. (Of texts) To copy. Maan guurin karo seddex bog – *I cannot copy three pages.* 2. To help someone get married. *(Used with* u*):* Aabbahay muu ii guurin – *My father has not helped me get married.* Guurin (n).

Guurso *(trans. conj. 3a)* To get married. Cabdi wuxuu guursadey Sahra – *Cabdi has married Sahra.* Miyaad guursanaysaa dhowaan? – *Are you getting married soon? (Used with* ka *(from)):* Miyuu reer hodan ah ka guursanayaa? – *Is he marrying into a wealthy family?* Guursasho (n).

H

Haad *(intr. – conj. 1)* (Of birds). To fly. Shimbiruhu way haadaan – *Birds fly.* Haadis (n). Haad**da:** animals that fly.

Habee *(trans. – conj. 2b)* To organise. Shirka waxaa habeeyay guddiga waxbarashada – *The meeting has been organised by the education committee.* Habayn (n).

Hadal *(intr. – conj. 1)* 1. To speak; to talk. Cabdi baa hadlaya – *Cabdi is speaking. (Used with ka (on/about)):* Waxaan ka hadlayaa dhaqaalaha – *I am talking about the economy. (Used with ku):* Waxay ku hadashaa af Jarmal – *She speaks German. (Used with la):* I la hadal! – *Speak to me!* Yaa hadlaya? – *Who is talking.* 2. To phone someone. *(Used with la soo):* Nin la yidhaahdo Quuje baa kula soo hadlay – *A man called Quuje has phoned you.* Hadlis/hadal**ka** (n).

Hadh *(intr. – conj. 1)* To stay behind. Saalax baa xafiiska ku hadhaya – *Saalax is staying behind in the office.* SMA: ku dambee *(conj. 2b).* 2. To be left as remainder. *(Used in the past tense in Somali and having a meaning in simple present in English.* Maxaa haray? – *What is left?* Hadhis (n). Variant spelling: har

Hagaaji *(trans. – conj. 2a)* 1. To fix. Farsamoyaqaan ayaa hagaajinaya kombiyuutarkayga – *A technician is fixing my computer.* 2. To treat someone well. Miyaad Hiirad hagaajisay? – *Have you treated Hiirad well?* Hagaajin (n).

Hallaysan *(intr. – conj. 1 pass. v.)* To malfunction. Telefishinku wuu hallaysmaa mararka qaarkood – *Sometimes the television malfunctions.* Hallaysmid (n).

Hay *(trans. – conj. 1)* 1. To keep; to have. Miyaad qalin haysaa? – *Do you have a pen?* 2. To keep something for someone. *(Used with u (for)):* U hay qalinkan Cabdi! – *Keep this pen for Cabdi!* Hayn (n).

Hayso *(trans. – conj. 3b)* 1. To keep something for oneself; have; hold. Hayso farayaasha! – *Keep the keys for yourself.* 2. To control a territory in a disputed land or war zone. Ciidanka dowladda ayaa magaalada haysta – *The government troops control the town.* SMA: gacanta-ku-hay *(conj. 2b).* 3. To daydream. *(Used with la):* Waxaan la haystaa meel kale – *I am daydreaming.* 4. To think. *(Used with u):* Waxaan u haystay inay Goox iyo Xareed isla dhasheen – *I thought that Goox and Xareed are brothers.* SMA: malee *(conj. 2b)* and mood and mud *(both conj. 1).* 5. To hold someone liable for something. Ninkan waxaa loo haystaa xadista gaadhi – *This man is held liable for stealing a car.* 6. To be in dispute with someone over something. *(Used with ku. The subject of the sentence comes first followed by the object of dispute):* Siciid gaadhi buu ku haystaa Faarax – *Siciid is in dispute with Faarax over a car.* Haysasho (n).

Hel *(trans. – conj. 1)* To find. Waxaan helay lacag – *I've found money.* 2. To like; to be fond of something. *(Used with ka):* Waxaan ka helaa sheekada gaaban – *I like the short story.*

SMA: u bog *(conj. 1)*. 3. To find, buy at/ for a cheap price. *(Used with* ku*):* Waxaan ku helay gurigan qiime jaban – *I bought this house at a cheap price.* 4. To find someone guilty. *(Used with* ku*):* Ninka waxaa lagu helay dambi – *The man has been found guilty.* Helis (n).

Higgaadi *(trans. – conj. 2a)* To spell. Cali wuu higgaadin karaa ereyo af Ingiriis ah – *Cali can spell English words.* Miyaad ereyo af Carabi ah higgaadin kartaa? – *Can you spell Arabic words?* Higgaadin (n).

Hilmaan *(trans. – conj. 1)* To forget. Waa hilmaamay maalinta kulanka – *I have forgotten the day of the meeting.* Hilmaamis (n). SMA: illow *(conj. 1)*.

Hilow *(intr. – conj. 1)* To feel nostalgic. *(Used with* u *(for)):* Waxaan u hiloobay miyiga – *I feel nostalgic for the countryside.* Hiloobis (n). Hillow**ga** (n).

Horree *(trans. – conj. 2b)* To be first. *(Used with* u*):* Cali ayaa ugu horreeya ardayda – *Cali is the first amongst the students in achievement.* 2. (a) To be or arrive in a place first before others. *(Used with* ku*):* Waxaan ku horreynayaa London – *I will be in London first.* (b). To excel in something. Bilan waxay ku horreysaa tolista dharka – *Bilan excels in sewing clothes.* 4. To precede. Bisha Janaayo ayaa ka horreysa bisha Febraayo – *January comes before February.* Ugu horrayn(tii): *first of all.* Horrayn (n).

Hurud *(intr. – conj. 1)* To be asleep. Wiilku wuu hurdaa – *The boy is asleep.* Hurdo (n).

I

Iibi *(trans. – conj. 2a)* To sell. Gurigisiisa buu iibinayaa bisha dambe – *He will sell his house next month.* Wuxuu gaadhiga ku iibiyay qiime jaban – *He sold the car at a cheap price.* Iibin (n).

Iibso *(trans. – conj. 3a)* To buy. Gaadhi baan ka iibsanayaa Xareed – *I will buy a car from Xareed.* Iibsasho (n).

Ilbax *(intr. – conj. 1)* To be become more urbane and familiar with the ways of a town. Cabdi wuu ilbaxay – *Cabdi has become sophisticated/ more urbane.* Ilbaxnimo: civilization.

Illow *(trans. – conj. 1)* To forget. Caasho ayaa qalinkeeda ku illowday halkan shalay – *Caasha has forgotten her pen here yesterday.* SMA: hilmaan *(conj. 1)*. *(Used with* u*):* Waxaan u illoobay ballanta madax-xanuun awgiis – *I forgot the appointment because of having a headache.* Illoobis (n). Illow**ga** (n): forgetfulness.

Imow *(intr. – conj. 3a)* To arrive. Berri ayay walaashay London iman doontaa – *Tomorrow my sister will arrive in London.* *(Used with* u *(to – for people)):* Walaalkay gurigaygu buu iigu (i+u+ku) yimid – *My brother has come to me at my house.* Imaansho (n).

Isbariidi *(trans. – conj. 2a)* To greet each other in the morning. *(Used for two people and more):* Aniga iyo Siciid baa (saaka) isbariidinnay – *Siciid and I greeted each other in the morning.* Isbariidin (n).

Isbaro *(trans. – conj. 3b)* To get to know one another. *(Used for two or more people):* Jamaac iyo Sahra way isku barteen Boosaaso – *Jaamac and Sahra got to know each other in Boosaaso.* Isbarasho (n).

Iscaraysii *(trans. – conj. 2a)* To pretend you are angry. Maxaad isu caraysiisaa? – *Why do you pretend you are angry?* Iscaraysiin (n).Variant spelling: iscadhaysii. SMA: isdhirfi and isxanaaji *(both conj. 2a)*.

Isdhaafso *(trans. – conj. 3a)* To exchange something with someone. Labada wasiir waxay isdhaafsan doonaan hadiyado – *The two ministers will exchange presents.* Isdhaafsasho (n). SMA: isweydaarso *(conj. 3a)*.

Isdhal *(trans. – conj. 1)* To be the father of another *(Used for two people and in the past tense):* Labada nin way isdhaleen – *One of the two men is the father of the other.* Isdhalis (n).

Isdhegotir *(trans. – conj.* To pretend not to hear. Muxuu isu dhegotiraa markaan ka hadlo? – *Why does he pretend not to hear when I speak to him?* Isdhegotiris (n). SMA: isdhagoolee *(conj. 2b)*.

Isdhiib *(intr. – conj. 1)* 1.To surrender. Tuugu ciidammada booliiska ayuu isu dhiibi rabaa – *The thief wants to surrender to the police force.* 2. *(intr. coll.)* To seek asylum. *(When a preposition is to be used with a reflexive verb, the preposition occurs between the reflexive word 'is' and the verb):* Faarax

ayaa Talyaaniga bishii hore is ka dhiibay – *Faarax sought asylum in Italy last month.* Isdhiibis (n).

Isdhinac-taag *(trans. – conj. 1)* To stand, stop or park by the side of someone/something. Gaarigiisu wuxuu isdhinactaagaa dukaanka – *He stops his car by the shop.* Isdhinac-taagis (n). SMA: ag-istaag *(conj. 1)*.

Isfur *(trans. – conj. 1)* To divorce one another. Ninka iyo afadiisu may isfurin – *The man and his wife have not divorced one another.* Isfuris (n). SMA: kala-tag *(conj. 1)*.

Ishayso *(trans. – conj. 1)* To be in dispute with each other. *(Used with ku (over, concerning)):* Labada nin waxay isku haystaan guri – *The two men are in dispute with each other over a house.* Ishaysasho (n). SMA: iskuqabso *(conj. 3a)*.

Ishortaag *(trans. – conj. 1)* To stand or stop in front of someone or something. Gaadhigu wuxuu ishortaagay guriga – *The car has stopped in front of the house.* 2.To oppose someone or a policy. Madaxweynuhu wuu ishortaagay go'aanka golaha wasiirrada – *The president has opposed the decision of the cabinet.* SMA: ka hor imow *(irr. v.)*. Ishortaagis (n).

Isjeclaysii *(trans. – conj. 3a)* To covet. Faarax wuxuu isjeclaysiiyaa guriga cusub ee walaalkiis – *Faarax covets his brother's new house.* Isjeclaysiin (n).

Isku-day *(trans. – conj 1)* 1.To try. Isku-day inaad midho cunto – *Try to eat fruit.* 2.To try on. Waxaan isku-dayayaa shaatigan – *I am trying on this shirt.* Isku-dayis (n).

Ismadax-mar *(intr. – conj. 1)* To get extremely angry.Wuu ismadax-maraa haddii lala hadlo – *He gets extremely angry if spoken to.* Ismadaxmaris (n).

Istaag *(intr. – conj. 1)* To stand up. Waxaan istaagayaa albaabka agtiisa – *I am going to stand near the door. (Used with* ku *(on)):* Waxay ku istaagtay kursiga – *She stood on the chair.* Bisaddu may ku istaagin lugtayda – *The cat has not stepped on my leg.* Istaagis (n). SMA: joogso and sara-joogso *(both conj. 3a).*

Isticmaal *(trans. – conj 1 arb.)* To use. Waxaan isticmaali doonaa mishiin cusub – *I will use a new machine.* Qalinkan waxaa loo isticmaalaa sawirista – *This pen is used for drawing.* Isticmaalis (n). SMA: adeego *(conj. 3a).*

J

Jab *(intr. – conj. 1)* 1.To be broken. Bakeerigu miyuu jabay? – *Has the cup been broken?* 2.To become cheaper/ to decrease in price. Sonkortu way jabi doontaa dhowaan – *Sugar will be cheaper soon.* 3. *(trans.)* (Of the body) To be fractured. *(The subject is the part of the body affected):* Lugta ayaa Deeqa jabtay – *Deeqa has fractured her leg.* 4. *(intr.)* To be defeated. Ciidanku muu jabin – *The troops have not been defeated.* Jabis (n).

Jabi *(trans. – conj. 2a)* 1.To break something.Yaa koobka jebiyay? – *Who has broken the cup.* 2.To make something cheaper. Dukaanku wuu jebiyaa dharka – *The shop makes price of clothes cheaper.* 3.To defeat.Waa la jebiyay burcadbadeedda degmada (soo) weerartay – *Pirates who have attacked the town have been defeated.* SMA: ka adkow *(conj. 3a)* and ka gacan-sarree *(conj. 2b).* Jabin (n).Variant spelling: jebi.

Jabso *(trans. – conj. 3a)* 1.To snap something in two (e.g. a chalk). Miyaan jabsan karaa jeesadaada si aan sabuuradda wax ugu qoro? – *Can I snap your chalk in two to write on the blackboard?* 2.To burgle.Tuug baa bakhaarka xalay jabsaday – *A thief burgled the store last night.* Jabsasho (n).

Jadh *(trans. – conj. 1)* To cut.Waxaan jadhi doonaa xarigga – *I will cut the rope. (Used with* ka *(from)):* Ka jadh xarigga tiirka – *Cut the rope from the pillar. (Used with* ku *(with, by means of)):* Ku jadh xarigga mindi afleh – *Cut the* *rope with a sharp knife.* Jadhis (n). Variant spelling: jar. SMA: goo *(conj. 2b).*

Jadhjadh *(trans. – conj. 1)* To chop up. Hilibka ri'da ayuu jadhjadhayaa – *He is chopping up the goat meat.* Jadhjadhis (n). Variant spelling: jarjar. SMA: googoo *(conj. 2b).*

Jawaab *(trans. – conj. 1 arb.)* To respond. *(Used with* u *(to)):* U jawaab isaga! – *Respond to him!* Ka jawaab su'aasha – *Answer the question.* Jawaabis (n).

Jeclayso *(trans. – conj. 3b)* To begin to like something; to express a desire to do something. Waxaan jeclaystay inaan booqdo Hargeysa – *I would like to visit Hargeysa.* Jeclaysasho (n).

Jeed *(trans. – conj. 1)* 1. To be awake. Waan soo jeedaa – *I am still awake.* Miyaad soo jeedaysaa ilaa 11ka? – *Are you ging to stay awake until 11pm?* 2. To hail from, to belong to a place. *(Used with* ka soo*):* Ninku wuxuu ka soo jeedaa Maraykanka – *The man hails from America.* 3. (a) To face; to be opposite. *(Used with* 'ka soo hor'*):* Guriga Xareedo wuxuu ka soo horjeedaa dusgiga – *Xareedo's house is opposite the school.* (b) To oppose. Siyaasigu wuxuu ka soo horjeedaa sharciyeynta mandoorriyayaasha – *The politician opposes the legalization of drugs.* Jeedis (n). SMA: ka hor imow *(irr. v.).*

Jeedi *(trans. – conj. 2a)* To turn something to one side. U jeedi dhinaca bidix – *Turn it to the left side.* (Used with ka): Ka jeedi dhinaca midig – *Turn*

it from the right side. 2. To make a suggestion; to give a speech. (*Used with* soo *and the word* khudbad '*speech*'): Khudbad buu soo jeedin doonaa – *He will make a speech.* SMA: khudbee *(conj. 2b arb.)* Talo bay soo jeedisay – *She has made a suggestion.* Jeedin (n).

Jeeso *(intr. – conj. 3b)* To look away. Haddii aadan dooneyn inaad ogaato natiijada ciyaarta, hadda jeeso – *If you don't want to know the match result, look away now.* Jeesasho (n).

Jeex *(trans. – conj. 1)* To tear. Yaa jeexay warqaddan? – *Who has torn this paper?* Jeexis (n).

Jiid *(trans. – conj. 1)* To pull something. *(Used with* soo *optionally):* Soo jiid xarigga! – *Pull the rope!* Jiidis (n).

Jir *(trans. – conj. 1)* 1. To exist. Wuu jiraa nin magaciisa la yidhaahdo Qaalib oo bare ah – *There is a man called Qaalib who is a teacher.* 2. To be 'away' somewhere. Siciid London buu jiraa – *Siciid is away in London.* 3. To comprise. *(Used with* isugu*).* Fasalku wuxuu isugu jiraa wiilal iyo gabdho – *The class is made up of boys and girls.* Jiris (n). Variant spelling: jidh.

Jiri *(trans. – conj. 2a)* To look for something. Maxaad jirinaysaa? – *What are you looking for?* Jirin (n). Variant spelling: jidhi *(rarely used).* SMA: raadi *(trans. – conj. 2a)* and (baadi) – goob *(trans. – conj. 1).*

Joog *(trans. – conj. 1)* 1. To stay. Miyaad joogaysaa London laba bilood? – *Are*

you staying in London for two months? 2.
To stay away from, to avoid. *(Used with*
ka): Ka joog cabista qaxwaha – *Stay*
away from drinking coffee. SMA: iska
dhaaf *(conj. 1). (Used with* ku *(on)):* Nin
faras ku jooga – *A man on horseback.*
Joogis (n).

Jooji *(trans. – conj. 2a)* 1. To stop
something. Booliiska ayaa gaadhi
joojiyay – *The police have stopped a car.*
2. To quit a habit/to give something
up. Bishii hore ayuu joojiyay cabista
sigaarka – *He quit smoking last month.*
SMA: iska dhaaf *(conj. 1).* Joojin (n).

Joogso *(intr. – conj. 3a)* 1. To stop.
Gaarigu wuxuu joogsan doonaa guriga
hortiisa – *The car will stop in front of*
the house. 2. To step on something.
(Used with ku *(on)):* Ha ku joogsan
cawska – *Don't step on the grass.* 3. To
stand up. Joogso! – *Stand up!* SMA:
istaag *(conj. 1)* and sarajoogso *(conj. 3b).*
Joogsasho (n).

K

Kaab *(trans. – conj. 1)* To provide
support in terms of infrastructure.
Waddooyinku waxay kaabaan
ganacsiga – *Roads provide infrastructural*
support to trade. Kaabis (n).

Kaadi *(intr. – conj. 2a)* 1. To urinate.
Miyaad kaadisaa marar badan haddii
aad biyo badan cabtid? – *Do you urinate*
frequently if you drink a lot of water? 2. To
wet oneself. *(Used with* isku)*:* Ilmuhu
way isku kaadiyaan – *Babies wet*
themselves. 3. To wait. *(Used with* u, *and*
imperatively): U kaadi intaan shaqadan
dhamaynayo – *Wait while I am finishing*
this work! Kaadin (n).

Kaar *(trans. – conj. 1)* To feel a minor
pain, to feel a twinge. *(The body is the*
subject, the person is the object). Jilibka
ayaa i kaaraya – *I feel a pain in the knee.*
Kaaris (n).

Kab *(trans. – conj. 1)* 1. To repair. Waa la
kabi doonaa albaabka gaadhiga – *The*
vehicle door will be mended. 2. To set
a bone. Goorma ayaa lafta la kabi
doonaa? – *When will the bone be set?* 3.
To subsidise. Dowladdu way kabtaa
iskaashatada gaadiidka – *The government*
subsidises the transport cooperative. Kabis (n).

Kabbo *(trans. – conj. 3a)* To sip. Miyaan
kabban karaa shaahan? – *Can I sip this*
tea? Kabbasho (n).

Kabee *(trans. – conj. 2b)* To hit
someone with a shoe. Gabadhu may
kabayn qofna – *The girl has not hit*
anyone with a shoe. Kabayn (n).

Kabo *(intr. – conj. 3b)* To recover from illness or war. Dalku wuu ka kabanayaa dagaalka sokeeye – *The country is recovering from the civil war.* Kabasho (n).

Kac *(trans. – conj. 1)* 1. To get up. Shanta buu toosaa aroor walba – *He gets up at five every morning. (Used with ku (to)):* Waxaan ku kacay qaylo xalay – *I woke up to noise last night.* 2. (a) To begin to oppose someone vehemently. *(Used with ku and in the past tense but conveys simple present in English):* Waannu ku kacnay siyaasiga noola yimid qorshaha qaramaynta – *We oppose the politician who came to us with a nationalisation plan.* SMA: ka hor **i**mow *(irr. v.)* and ishortaag *(conj. 1).* (b) To do something bad, wrong. *(Used with* 'wax' *in affirmative sentences or* 'maxaa' *in interrogative sentences):* Muxuu ku kacay? – *What wrong has he done?* 3. *(intr.)* To take off. Diyaaraddu waxay kacdaa toddobada – *The airplane takes off at seven.* Kicis (n). Kacaan**ka:** revolution. Kacdoon**ka:** uprising.

Kadeed *(trans. – conj. 1)* To irritate; to trouble. Maan ku kadeedin – *I have not irritated you.* Kadeedis (n).

Kar *(intr. – conj. 1)* To be able. Waan karaa inaan hagaajiyo mootada – *I am able to fix the motor cycle.* 2. To boil. Biyuhu way karayaan – *The water is boiling.* Karis (n).

Kari *(trans. – conj. 2a)* To cook. Qado macaan bay karin doontaa – *She will cook a delicious lunch.* Karin (n).

Kedi *(trans. – conj. 2a)* To surprise. *(Used with ku (with)):* Su'aal buu igu kediyay? – *He has surprised me with a question.* Kedin (n)

Keen *(trans. – conj. 1)* 1. To bring. *(Used with u):* Miyaad ii keenaysaa gaadhi cusub? – *Will you bring me a new car?* 2. To result in. Dagaalku wuxuu keenaa hoos-u-dhac dhaqaale – *The war results in economic decline.* 3. To have a habit (implies a bad habit). Wuxuu keenay inuu soo daaho – *He has begun to be late.* Keenis (n).

Kici *(trans. – conj. 2a)* 1. To wake someone up. Haddii aan toosi waayo berri lixda, adigoo mahadsan i kici – *If I don't get up at 6 tomorrow, please wake me up.* SMA: toosi *(conj. 2a).* 2. To start up a car engine. Yaa gaariga kiciyay? – *Who started up the car engine?* 3. To rouse; agitate; activate. *(Used with ku (with)):* Siyaasigu wuxuu dadku ku kiciyay hadallo kacaan ah – *The politician roused the people with revolutionary talk.* Kicin (n).

Kirayso *(trans. – conj 3b)* To rent a house from someone. *(Used with ka):* Guri baan ka kiraystay saaxibkay – *I have rented a house from my friend.* Kiraysasho (n).

Kiree *(trans. – conj. 2b)* To rent out, let out, hire out. Yaa guri kiraynaya? – *Who is renting out/letting a house? (Used with ka (to)):* Qoys baan guri ka kireynaa – *I will rent out a house to a family.* Kirayn (n).

Kor *(trans. – conj. 1)* 1. To climb. Geed waan kori karaa – *I can climb a tree.* 2. *(intr.)* To grow up. Inanku wuu korayaa – *The boy is growing up.* SMA: weynow *(conj. 3a).* 3. *(intr.)* To grow out of, outgrow. *(Used with* ka*):* Waan ka koray cadhada degdegga ah – *I have grown out of getting angry quickly / losing my temper.* SMA: ka weynow *(conj. 3a).* Koris (n).

Kordhi *(trans. – conj. 2a)* 1. To increase. Mushaarka ayaa la ii kordhin doonaa – *I will have my salary increased.* 2. To add to. *(Used with* ku*):* Muxuu ku kordhiyay guriga? – *What has he added to the house?* Kordhin (n).

Korodh *(intr. – conj. 1)* To increase. Qiimaha shidaalku wuu kordhi doonaa – *The fuel price will increase.* 2. To be new. *(Used with* soo*):* Maxaa soo kordhay? – *What is new?* SMA: Maxaa cusub? Laba shaqaale ayaa ku soo kordhay kooxdeenna – *Two staff members are new to our team.* Korodh**ka** (n).

Kululee *(trans. – conj. 2b)* To heat, warm (up). Shaaha baan kululeynayaa waayo wuu qaabobay – *I am heating the tea because it has gone cold.* Kululayn (n).

Kululow *(intr. – conj. 3b)* 1. To get hot; to keep being hot. Biyuhu way kululaadeen – *The water has become hot.* 2. To become poor *(Used idiomatically):* Ninku wuu kululaaday waayo waa shaqo – la'aan – *The man is poor because he is jobless.* Kululaansho (n). Kulayl**ka**: heat.

Kh

Khaariji *(trans. – conj. 2a arb.)* To assassinate. Ninka lama khaarijin – *The man has not been assassinated.* Khaarijin (n).

Khafiif *(intr. – conj 1 arb.)* To become mentally ill. Miyuu ninku khafiifay? – *Is the man mentally ill?* Khafiifis (n).

Khajal *(intr. – conj 1 arb.)* To be timid, shy. Wuu khajalaa markii khudbad jeedi lagu yidhaahdo – *He is timid when told to make a speech.* Khajilis (n).

Khalad *(trans. – conj. 1 arb.)* To make an error; to get something wrong. Waan khalday jawaabta – *I have got the answer wrong.* Khaldis (n). Khalad**ka**: mistake, error

Khiyaamee *(conj. 2b arb.)* To deceive. Muu i khiyaamayn – *He has not deceived me. (Used with* ka *(of)).* To defraud someone of something. Gaadhigiisa baa laga khiyaamayn gaadhay – *He was almost defrauded of his car.* Khiyaamayn (n).

L

Laab *(trans. – conj. 1)* To bend; fold. Gacmahiisa ayuu laabay – *He has folded his arms.* Laabis (n)

Laabo *(intr. – conj 3b)* 1. To turn to one side. *(Used with u):* Gaadhigu wuxuu u laaban doonaa waddada midigta ah – *The car will turn into the road on the right.* 2. To return. *(Used with soo):* Dalka waxaan ku soo laaban doonaa hal bil kaddib – *I will come back home after one month* Laabasho (n).

Laac *(trans. – conj. 1)* To reach out for something. Miyaad ii laaci kartaa qalinka miiska saaran? – *Could you reach out for the pen on the table for me?* Laacis (n).

Laad *(trans. – conj. 1)* To kick. Kubadda ayuu laadayaa – *He is kicking the ball.* Laadis (n).

Laaso *(trans. – conj. 3b)* (Of food and drink). To finish up. Waan laasan doonaa caanaha – *I will drink up all the milk.* Laasasho (n).

Laay *(trans. – conj. 2b)* To kill (more than one person). Liibaaxu dad muu layn – *The lion has not killed people.* Layn (n).

Lebbiso *(intr. – conj. 3b arb.)* To dress oneself up. Way u lebbisanaysaa xafladda – *She is dressing up for the party.* Lebbisasho (n).

Leexi *(trans. – conj. 2a)* To turn to one side, divert; deviate. Wuxuu igu yidhi,

"Gaadhiga u leexi bidixda" – *He said to me, "Turn the car to the left".* Leexin (n).

Leexo *(intr. – conj. 3b)* To turn to one side. *(Used with u (to)):* Miyaan midigta u leexan karaa? – *Can I turn to the right?* Leexasho (n).

Leexso *(trans. – conj. 3a)* To divert a consignment of food or supplies; to embezzle. Budhcaddu waxay leexsan gaadheen sahayda gargaarka – T*he robbers have nearly diverted relief supplies.* Leexsasho (n). SMA: lunso *(conj. 3a).*

Liido *(intr. – conj. 3b)* 1. To be weak. Caafimaadkeedu muu liito waayo way nasatay – *Her health is not weak because she has rested.* 2. To have a weak personality. Wuu liitaa – *He has a weak personality.* Liidasho (n).

Loodi *(trans. – conj. 2a)* To bend by force. *(Used mostly in negative sentences to mean 'invincible'):* Ciidan aan la loodin karin – *An invincible army.* Loodin (n).

Loog *(trans. – conj. 1)* To slaughter animals for a guest. *(Used with u (for)):* Jeelle waa deeqsi waayo wuu noo loogay – *Jeelle is generous because he has slaughtered an animal for us.* Loogis (n).

Luflufo *(intr. – conj. 3b)* To eat leftovers. Wuxuu ka lufluftaa maqaayadda – *He eats leftovers at the restaurant.* Luflufasho (n).

Lugee *(intr. – conj. 2b)* To go on foot. Waan u lugeeyaa shaqada – *I go to work on foot.* Lugayn (n).

Lulood *(intr. – conj. 3a)* To feel sleepy. Waan luloodaa marka aan casheeyo – *I feel sleepy when I have supper.* Lulo (n).

Lumi *(trans. – conj. 2a)* To lose something. Furayaashayda baan lumiyay – *I have lost my keys.* Ha lumin fursadda! – *Don't lose the opportunity!* Lumin (n). SMA: dhumi *(conj. 2a)*.

Lun *(intr. – conj. 1):* To get lost. Waan ku lumaa waddooyinka magaalo wayn – *I get lost in the streets of a big town.* Lumis (n). SMA: dhun *(conj. 1)*.

M

Maadee *(trans. – conj. 2b)* 1. To entertain someone with comedy. Colow wuu ii maadeeyay – *Colow has entertained me with comedy.* 2. *(intr.)* To have a sense of humour. Qaasim wuu maadeeyaa – *Qaasim has a sense of humour.* Maadayn (n). Maadays**ka**: comedy.

Maag *(trans. – conj. 1)* 1. To pick on someone. Maxaad ardayga u maagtay? – *Why have you picked on the pupil?* 2. *(intr.)* To be reluctant; to hesitate. *(Used with* ka *and in simple past to convey simple present meaning in English):* Waan ka maagay tegista Soomaaliya – *I hesitate about going to Somalia.* 3. To intend. *(Used in simple past to convey simple present meaning in English):* Waxaan maagay inaan Jaamac la kulmo – *I intend to meet with Jaamac.* Maxaad maagtay? – *What do you want to do?* Maagis (n).

Maaree *(intr. – conj. 2b)* To manage a situation. Wuu ku guulaysan doonaa inuu maareeyo xaaladda – *He will succeed in managing the situation.* Maarayn (n).

Malee *(intr. – conj. 2b)* 1. To think. *(Used with* u*):* Waxaan u malaynayaa inuu shirku dhici doono berri – *I think that the meeting will take place tomorrow.* SMA: mood and qab *(conj. 1)*. 2. To guess. Ma malayn kartaa qofka yimid? – *Can you guess the person who has arrived?* Malayn (n).

Maqnow *(intr. – conj. 3a)* To be absent in the future or habitually. *(Used in all tenses):* Shirka muu ka maqnaan doono – *He will not be absent from the meeting.* Maqnaansho (n): absence.

Mar *(trans. – conj. 1)* 1. To pass along. Jidka ayuu gaadhigu maray – *The car has passed along the road.* 2. (Of vehicles). To run over a person or animal. Gaadhi ayaa bisadda mari gaadhay – *A car has nearly run over the cat.* 3. To experience; to undergo. *(Used with* soo. *The situation is the subject; the person is the object):* Dhibaatooyin ayaa dadka soo maray markay dagaalka ka qaxayeen – *People have undergone difficulties when fleeing the war.* Maris (n).

Mari *(trans. – conj. 2a)* 1. To finish; to eat up. Maan marin quraacdayda – *I have not eaten all my breakfast.* SMA: laaso *(conj. 3b).* 2. To decimate; to kill large numbers of people. Duumo ayaa dad badan ku marisay miyiga hal sano ka hor – *Malaria claimed the lives of many people in the countryside a year ago.* SMA: laay *(conj. 2b).* 3. To make something pass. Gaariga ayuu mariyay jid yar – *He made the car pass along a small road.* 4. To spread. Labeen baan rootiga mariyaa – *I spread butter on the bread.* Maris (n).

Marooji *(trans. – conj. 2a)* To twist someone's arm. Gacanta muu maroojin wiilka – *He did not twist the boy's arm.* Maroojin (n).

Marso *(trans. – conj. 3a)* To apply something to a part of the body. Labeen bay wajiga marsatay – *She*

applied cream to her face. 2. To read something aloud with the help of someone (e.g. a teacher). Casharka ayaan marsanayaa – *I am reading the lesson aloud with the help of someone.* Marsasho (n).

Mirir *(intr. – conj. 1)* To rust. Miyay birtu mirirtaa? – *Does iron rust?* Miriris (n).

Miyir-beel *(intr. – conj. 1)* To pass out; to faint. Miyuu ninku miyir-beelay? – *Has the man passed out?* Miyir-beelis (n).

Mood *(intr. – conj. 1)* To think. *(Used in present continuous tense to convey simple present in English):* Miyuu moodayaa in Jibriil berri imanayo? – *Does he think that Jibriil is arriving tomorrow?* SMA: mud, qab *(conj. 1)* and malee *(conj. 2b).* 2. To pass along. Gaadhi ayaa waddada moodaya – *A car is passing along the road.* SMA: mar *(trans. – conj. 1).* Moodis (n).

Muddee *(trans. – conj. 2b arb.)* To set or specify a time or a date (e.g. of a meeting). Waqtiga shirka ayaa la muddeeyay – *A date for the meeting was set.* Muddayn (n).

Muran *(intr. – conj. 1)* To argue. Maxaad Suudi u la murmaysay? – *Why were you arguing with Suudi?* Labada nin waxay ku murmeen lahaanshaha gaariga la xaday – *The two men have argued over ownership of the stolen car.* Muranka (n).

Muuji *(intr. – conj. 2a)* To show; to reflect. Hadalkiisu wuxuu muujinayaa inuu cadhaysan yahay – *The way he is talking shows that he is angry.* Muujin (n).

Muuqo *(intr. – conj. 3a)* 1. To appear; to be visible. *(Used optionally with soo and in simple present to convey present perfect or simple past in English):* Gaadhi baa soo muuqda – *A car has appeared.* 2. *(Used with u (to)):* To be visible to someone. Waxaa ii muuqda isbeddel – *I see a change.* 3. To express a view. *(Used with 'u+ku' coming after and combining with the object pronoun, and is used simple present):* Waxay iigu muuqataa in heshiis suurtogal yahay – *It seems to me that an agreement is a possibility.* Muuqasho (n).

N

Naafee *(trans. – conj. 2b)* 1. To incapacitate; to disable. Cudurka dabaysha ayaa naafayn kara dadka – *Polio can make people disabled.* 2. To sabotage. Budhcad ayaa naafaysay dhuumaha shidaalka – *Bandits have sabotaged the fuel pipes.* Naafayn (n).

Naafow *(trans. – conj. 1)* To become disabled. Wuxuu ku nafoobi gaadhay shil – *He was nearly disabled in an accident.* Naafoobis (n).

Nabaadguur *(intr. – conj. 1)* To become a desert. Dhulku wuu nabaadguuraa haddii geedaha la wada jaro – *The land becomes desert if all the trees are cut.* Nabaadguuris (n).

Nabadee *(trans. – conj. 2b)* To reconcile. Odayaasha ayaa isku dayaya inay nabadeeyaan labada qabiil – *Elders are trying to reconcile the two clans.* Nabadayn (n).

Nabadgeli *(trans. – conj. 2a)* To save someone; to leave someone in peace. Heshiiska wuxuu naga nabadgeliyay dagaal – *The agreement has made us safe from war.* I nabadgeli! – *Leave me in peace.* Nabadgelin (n).

Nabadgelyee *(trans. – conj. 2b)* To bid farewell. Cartan baa i nabadgelyayn doona – *Cartan will bid me farewell.* Nabadgelyayn (n). Nabadgelyo: good-bye. SMA: (sii) dhowee *(conj. 2b).*

Nebcayso *(trans. – conj. 3b)* To dislike something intensely; to have an extreme dislike for something; hate. Waan nebcaystay toosidda goor hore – *I dislike getting up early.* Nebcaysasho (n). Necbaysasho. Variant spelling: necbayso. SMA: karah *(trans. – conj. 1 arb)* and nac *(conj. 1).*

Neeftuur *(intr. – conj. 1)* To breathe heavily. Wuu neftuurayay intuu geedka korayay – *He was breathing heavily while climbing the tree.* Neeftuuris (n).

Negee *(trans. – conj. 2b)* To make someone stay in the same place; to make a change in travel plans. Aabbuhu wuu negeeyay reerka – *The father has kept the family in the same place.* Negayn (n).

Negow *(intr. – conj. 3a)* To change a travel or relocation plan. Cadar may negaanayso – *Cadar is not changing her travel plans.* Negaansho (n).

Nidaami *(trans. – conj. 2a arb.)* To put in order. Guriga ayay nidaaminaysaa – *She is putting the house in order.* Nidaamin (n). SMA: habee *(conj. 2b).*

Noolow *(intr. – conj. 3a)* To keep on living; long live! Wuxuu ku noolaan doonaa Toronto – *He will live in Toronto.* Halkee baad ku noolaanaysaa? – *Where are you going to live?* Noolaansho (n).

Noqo *(intr. – conj. 3a)* 1. To return. *(Used with* ku*)*: Wuxuu ku noqonayaa miyiga – *He is returning to the*

countryside. *(Used with* soo *(back))*: Wuu soo noqday – *He has returned/ is back.* 2. To become. Geelle wuxuu noqday macallin – *Geelle has become a teacher.* 3. To change one's mind. *(Used with* ka*)*: Siyaasigu wuu ka noqday mashruuca – *The politician has changed his mind on the project.* 4. To withdraw a statement. *(Used with* ka/la*)*: Miyaad hadalkaaga la noqonaysaa? – *Are you withdrawing your statement?* Noqasho (n).

O

Odho *(intr. – irr.)* 1. To say. Muxuu inanku yidhi? – *What has the boy said? (Used with* ku *(to)):* Miyaan kugu idhi, 'Halkan imow!'? – *Have I said to you, 'Come here!'?* Odhasho (n). Odhaah (n): saying; statement. Variant spelling: oro. SMA: dheh *(conj. 1)*.

Ogeysii *(trans. – conj. 2a)* To inform; notify. Waxaan ku ogeysiinayaa shirka dhici doona bishan lixdeeda – *I am notifying you of the meeting that will take place on the sixth of this month*. Ogaysiin (n). Ogeysiiska: notice; announcement. SMA: la socodsii *(conj. 2a)*.

Ogow *(intr. – conj. 3a)* To find out; become aware of; to come to know. Waan ogaan doonaa maalinta xafladdu dhici doonto – *I will find out what day the party will take place*. 2. Miyaad ogaatay in shaqadu ka adagtahay sidaad moodaysay? – *Have you realised that the job is more difficult than you thought?* Ogaansho (n).

Olol *(intr. – conj. 1)* To flame/to burn. Dhuxusha baa ololaysa – *The charcoal is burning*. Ololis (n).

Ololee *(intr. – conj. 2b)* To campaign. *(Used with* u *(for)):* Sahra waxay u ololeysaa waxbarashada gabdhaha – *Sahra campaigns for the education of girls*. Ololayn (n).

Ololi *(trans. – conj. 2a)* To set alight, kindle. Lama ololin dabka weli – *The fire has not been lit yet*. Ololin (n).

Ood *(trans. – conj. 1)* To enclose with a brushwood fence. *(Used optionally with* soo*):* Waan ooday xerada xoolaha – *I have enclosed the livestock pen with wood*. Oodis (n). Oodda: brushwood.

Oofi *(trans. – conj. 2a arb.)* To keep a promise. Waan oofin doonaa ballanta – *I will keep the promise*. Oofin (n).

Oog *(trans. – conj. 1)* 1. To light a fire. Dab buu oogayaa – *He is lighting a fire*. 2. To call people for prayer. Sheekha ayaa salaadda ooga – *The Sheikh calls people for prayers*. Oogis (n).

Ool *(intr. – irr.)* 1. (Of things). To be in a place; to be located. Gaadhigu wuxuu yaallaa garaashka – *The car is in the garage*. 2. (Of nomadic families). To be at a given location. Reerku wuxuu yaallaa dooxada agteeda – *The family is based near the valley*. Oollis (n).

Odhi *(trans. – conj. 2a)* To jeer. *(Used with* ku *(at)):* Taageerayaashu way ku odhiyeen ciyaaryahanka – *Supporters have jeered at the player*. Odhin (n). Variant spelling: ori.

Orod *(intr. – conj. 1)* To run. Waan ordaa laba mayl subax walba – *I run two miles every morning*. Miyay ridu ka orodday dhurwaaga? – *Has the goat run away from the hyena?* Halkee baad u ordaysaa? – *Where are you running to?* Orodka (n). SMA: carar *(conj. 1)*.

Q

Qaabee *(trans. – conj. 2b)* To shape. Fikradihiisa siyaasadeed waxaa qaabeeyay xisbiga uu ka mid yahay – *His political views were shaped by the party he is a member of.* Qaabayn (n).

Qaad *(trans. – conj. 1)* 1. To take. Waxaan qaadi doonaa furaha miiska saaran – *I will take the key on the table.* 2. To sing a song. *(Used with the word hees (song)):* Waan qaadi karaa hees – *I can sing a song.* 3. *(intr.).* (Of rain). To stop. Roobku wuu qaaday – *The rain has stopped.* 4. To bring up a matter. *(Used with soo and with hadal or sheeko):* Maxaad u soo qaaddaa sheekooyinkii hore? – *Why do you bring up past conversations?* Qaadis (n).

Qaado *(trans. – conj. 3b)* 1. To take something for your own benefit; to help yourself to something. Qaado lacagta miiska saaran! – *Take the money on the table for your own benefit!* 2. (Of time, capacity, volume). To take. Safarku wuxuu qaataa laba saacadood – *The journey takes two hours.* *(Used with ku for people):* Waxay igu qaadatay seddex biilood inaan qabto hawshan – *It has taken me three months to do this job.* 3. To collect or get paid (e.g. a salary). Mushaarka waxaan qaataa bisha 30keeda – *I get paid on the thirtieth of the month.* 4. To go and get something. *(Used with soo):* Maxaad soo qaadanaysaa? – *What are you getting?* Qaadasho (n).

Qab *(trans. – conj. 2b)* To have. Waxay qabaan gaadhi cusub – *They have*

a new car. *(Used to express conjugal relationship. A male person is the subject):* Siraaje wuxuu qabaa Caasha – *Siraaje is married to Caasha.* 2. To express an opinion. *(Used in simple present or simple past tense):* Waxaan qabaa in heshiisku nabad horseedi doono – *I think that the agreement will lead to peace.* SMA: u malee *(conj. 2b).* Qabis (n).

Qabo *(trans. – conj. 3b)* 1. To catch; seize; hold. Booliisku wuu qabtay alaab sharci-darro ah – *The police have seized contraband. (Used with u (for)):* Ii qabo furayaashan! – *Hold the keys for me!* 2. To be affected by a pain or have a craving for something. Shaah baa i qabta galabnimada – *I have a craving for tea in the afternoon.* 3. To do. Maxaad qabanaysaa? – *What are you doing?* SMA: samee *(conj. 2b).* 4. To go to a place. Halkee buu Siciid qabtay? – *Where has Siciid gone?* SMA: tag and aad *(both conj. 1).* 5. To hold a meeting. *(Used with the word shir (meeting)):* Shir baa bisha dambe lagu qaban doonaa Boosaaso – *A meeting will be held in Boosaaso next month.* Qabasho (n).

Qabooji *(trans. – conj. 2a)* 1. To make something cold, to let something go cold. Waan qaboojiyay shaaha – *I have let the tea go cold.* 2. To calm someone down. Waan qaboojiyay Siiciid markuu carooday – *I calmed Siciid down when he got angry.* Isqabooji! – *Calm down / have a cold drink.* Qaboojin (n).

Qabsoon *(intr. – conj. 1 pass. v.)* (Of meetings). To get underway; to take place. Shirku wuxuu qabsoomi doonaa berri – *The meeting will take place tomorrow.* Qabsoomis (n).

Qabow *(intr. – conj. 1)* To go cold. Shaahu wuu qaboobi doonaa haddii aadan cabin hadda – *The tea will go cold if you don't drink it now.* Qaboobis (n). Qabow**ga** (n): a chill.

Qabso *(trans. – conj. 3a)* To capture. Xoogagga mucaaradka ayaa magaalo qabsaday – *Opposition groups have captured a town.* 2. (a) To get used to something. (b) To talk to someone you do not know personally. (*a and b both used with* la): Miyaad la qabsatay toosidda goor hore subax walba? – *Have you got used to getting up early every morning?* Waxaan la qabsadaa dadka kale oo tareenka saaran markii aan caajiso – *I talk to other train passengers when I feel bored.* Qabsasho (n).

Qadee *(trans. – conj. 2b)* To have lunch. Goormaad qadaysaa? – *When do you have lunch?* Waan ka qadeeyay maqaayad cusub shalay – *I had lunch at a new restaurant yesterday.* Qadayn (n).

Qallaji *(trans. – conj. 2a):* To make something dry, to dry. Dharka waan qallajiyay – *I have dried the clothes.* Qallajin (n).

Qallal *(intr. – conj. 1)* To dry up. Dooxadu way qallashaa jilaalka – *The valley dries up in winter.* 2. (Of plants). To die. Geedku wuu qallalayaa haddii aan la waraabin – *The tree will die if it is not watered.* Qallalis (n).

Qaniin *(trans. – conj. 1)* To bite. Ma mas baa ridạ qaniini gaadhay? – *Has a snake nearly bitten the goat?* Qaniinis/ qaniinyo (n).

Qanjaruufo *(trans. – conj. 3b)* To pinch someone. Yaa i qanjaruuftay? – *Who has pinched me? (Used with* ka *(on)):* Maan kaa qanjaruufan gacanta – *I did not pinch you on the hand.* Qanjaruufo (n).

Qaraw *(intr. – conj. 1)* To have a nightmare. Mararka qaarkood wiilku wuu qarwaa – *Sometimes the boy has nightmares.* Qaraw**ga** (n)

Qari *(trans. – conj. 2a)* To hide something. Yaa qariyay furahayga? – *Who has hidden my keys?* 2. To cover; to obscure *(*e.g. face to avoid being identified*).* Tuuggu wuxuu qariyay wejigiisa – *The thief has covered his face.* Qarin (n).

Qarso *(trans. – conj. 3a)* To hide something oneself. Muu qarsan qalinka – *He has not hidden the pen himself.* Qarsasho (n).

Qaybi *(trans. – conj. 2a)* To divide up something. Miyaa wiilasha lacag loo qaybiyay? – *Has money been shared among the boys?* 2. To distribute. Cunto ayaa loo qaybin doonaa dadka abaartu saamaysay – *Food rations will be distributed to people affected by the drought.* 3. To divide *(maths.) (Used with* u): Siddeed loo qaybiyay laba waa afar – *Eight divided by two is four.* Qaybin (n).

Qayiran *(intr. – conj. 1 pass. v. arb.)* (Of faces). To change or become slightly disfigured. Wajigiisu wuu qayirmay – *His face has become slightly disfigured.* Qayirmis (n). Variant spelling: Qayidhan.

Qod *(trans. – conj. 1)* To dig. Ceel bay qodayaan – *They are digging a well.* Qodis (n).

Qor *(trans. – conj. 1)* 1. To write. Warqad baan kuu soo qori doonaa – *I will write you a letter.* 2. To carve a piece of wood. Si wanaagsan buu looxa u qori karaa – *He can carve the tablet nicely.* 3. To sharpen a pencil. Miyaad qalin-qoriga qortay? – *Have you sharpened the pencil?* 4. To recruit. Bareyaal baa la qori doonaa – *Teachers will be recruited.* Qoris (n).

Qub *(trans. – conj. 1)* To spill. Caanaha ha qubin! – *Don't spill the milk!* SMA: daadi *(conj. 2a)*. 2. To dump. Qashinka laguma qubo waddada – *Rubbish should not dumped in the road.* Qubis (n).

Qufac *(intr. – conj. 1)* To cough. Waan qufacaa markuu duray i hayo – *I cough when I have cold.* Miyuu qufacay Cali? – *Has Ali coughed?* Qufacis (n). Qufac**a**: cough

Quraaco *(trans. – conj. 3a)* To have a breakfast. Saaka ayaan quraacday – *I have had breakfast this morning. (Used with* ku *(for)):* Wuxuu ku quraacday rooti iyo shaah – *He had bread and tea for breakfast.* Quraac**da** (n).

Qudhun *(intr. – conj. 1 pass. v.)* To become rotten; to 'go off'. Kalluunku wuu qudhmaa haddii aan qaboojiyaha la gelin – *Fish goes off if it is not kept in the fridge.* Qudhmis (n). Variant spelling: Qurun.

Quuri *(intr. – conj. 2a)* To snore. Miyaad quurisaa? – *Do you snore?* Quurin (n). Variant: Khuuri *(conj. 2a)*.

Quurso *(trans. – conj. 3a)* To despise. May wanaagsana in dadka la quursado – *It is not good to despise people.* Quursasho (n). SMA: yas *(conj. 1)*.

Quuso *(intr. – conj. 3b)* To give up. Muu quusan weli – *He has not given up yet. (Used with* ka *(on)):* Miyaad helista maalgelin ka quusatay? – *Have you given up on getting an investment?* Quusasho (n).

R

Raac *(trans. – conj. 1)* 1. To accompany. Waxaan raaci doonaa Axmed – *I will accompany Axmed. (Used with u (to)):* Caasha ayaa Sahra u raacday magaalada – *Caasha has accompanied Sahra to the town.* 2. To express agreement or disagreement. *(Used with ku (with)):* Waan kugu raacay aragtidaada – *I agree with you on your idea.* Raacis (n).

Raadi *(trans. – conj. 2a)* To look for. Salaad shaqo ayuu raadinayaa – *Salaad is looking for a job.* Raadin (n). SMA: doon *and* goob *(both conj. 1) and* jiri *(conj. 1).*

Raaf *(trans. – conj. 1)* To conscript someone into the army forcibly. Dowladdu way raafi jirtay dhallinyarada – *The government used to conscript youths into army forcibly.* Raafis (n). SMA: qafaal *(conj. 1).*

Raag *(intr. – conj. 1)* To be late. Shaqada maan ka raago – *I am not late for work. (Used with ku (at/in)):* Xafiiska ayuu ku raagaa Isniinaha – *He stays at the office late on Mondays.* Raagis (n). SMA: daah *(conj. 1).*

Raay *(intr. – conj. 2b)* 1. To be well. *(Used in simple present):* Waan raayaa – *I am well.* 2. *(intr.)* To win. Kooxadaydu way raaysay – *My team has won.* SMA: adkow *(conj. 3a) and* badi *(conj. 2a)* 3. *(trans.)* To defeat. *(Used with ka):* Kooxdaydu kooxdaada way ka raaysay – *My team has beaten your team.* 4. (Of health). To improve, get better.

(Used with ka soo*):* Caafimaadkiisu wuu ka soo raaynayaa – *His health is getting better.* SMA: fiicnow *and* ladnow *(both conj. 3a).* Raayn (n). Variant spelling: ray

Rab *(trans. – conj. 1)* 1. To want. Waxaan rabaa inaan tago suuqa – *I want to go to the market.* SMA: doon *(conj. 1. Used with present continuous tense).* 2. To be about to do something. *(Used as a modal auxiliary and with an infinitive verb):* Siciid baa suuqa aadi raba – *Siciid is about to go to the market.* Jaamac ayaa filim daawan rabay – *Jaamac wanted to watch a film.* 3. To have nearly done something. *(Used as modal auxiliary and in the past tense to give the same sense as* gaadhay *(nearly)):* Waraabuhu rida wuu cuni rabay – *The hyena has nearly eaten the goat.* Rabis (n).

Rajee *(intr. – conj 2b arb.)* To hope for. Waxaan rajaynayaa in aan ku gudbo imtixaanka xisaabta – *I am hoping to pass the mathematics examination. (Used with u (for)):* Waxaan kuu rajaynayaa caafimaad wanaagsan – *I wish you good health.* Rajayn (n).

Rar *(trans. – conj. 1)* To load. Baabuurka baan rarayaa – *I am loading the lorry.* Raris (n).

Rasaasee *(trans. – conj. 2b)* To open fire on someone. Booliisku muu rasaaseeyo bannaan-baxayaasha – *The police do not open fire on demonstrators.* Rasaasayn (n).

Rayso *(intr. – conj. 3b)* 1. (Of health). To get better. Jaamac wuu raystay – *Jaamac has got better.* SMA:

bogso *(conj. 3a)*. 2. To no longer suffer from an inconvenience. *(Used with* ka*):* Waan ka raystay toosidda goor hore subax walba – *I no longer suffer from the inconvenience of getting up early every morning.* Raysasho (n).

Reeb *(trans. – conj. 1):* 1. To exclude. *(Used with* ka *(from)):* Subeer waa laga reebay liiska ragga tagaya Keenya – *Subeer was excluded from the list of men going to Kenya.* 2. To leave behind. Waan reebayaa inankayga – *I will leave my son behind. (Used with* u *(for)):* Miyaad in yar oo qado ah ii reebtay? – *Have you left some lunch for me?* 3. To express the idea of 'exception to' or 'except'. Marka laga reebo Jaamac, qof kasta wuxuu tagay sineemada xalay – *Except for Jaamac everyone went to the cinema last night.* Reebis (n).

Rid *(trans. – conj. 1)* 1. To drop. Miyaad koobka ridi gaadhay? – *Have you almost dropped the cup? (Used with* ku *(into)):* Jeebka ayaan ku ridaa furahayga – *I drop my keys into my pocket.* 2. To open fire. Yaa qoriga riday? – *Who has fired the gun?* 3. To make someone fail an examination. Macallinku wuu ridaa ardayga edebta daran – *The teacher makes the bad-mannered pupil fail the exam.* Ridis (n).

Riyood *(intr. – conj. 3a)* To dream. Waan riyooday xalay – *I had a dream last night. (Used with* ku *(of)):* Wuxuu ku riyooday isagoo Kenya jooga – *He dreamed of staying in Kenya.* Riyo (n).

Rog *(trans. – conj. 1)* 1. To turn over. Waan rogay bogga labaad – *I have turned over the second page.* 2. *(Used with* u*):* To convert; translate. Qolkan baan dukaan u rogayaa – *I am converting this room into a shop.* 'Animal Farm' baa af Soomaali loo rogay – *Animal Farm was translated into Somali.* SMA: tarjum *(conj. 1 arb)*. 3. To impose. *(Used with* ku soo*):* Xaalad degdeg ah ayaa lagu soo rogay magaalada – *A state of emergency has been imposed on the town.* Rogis (n).

Rumayso *(trans. – conj. 3b)* To believe in something/take on trust. Waan ku rumaystay – *I have trusted in you.* 2. *(intr.)* To brush one's teeth. Waan rumaystaa aroor kasta – *I brush my teeth every morning.* SMA: cadayso *(conj. 3b)*. Rumeysasho (n). Variant spelling: rumeyso.

Rumee *(trans. – conj. 2b)* To become a believer; gain a religious faith. Xasan wuxuu rumeeyey diin – *Xasan has become a believer.* Rumayn (n).

S

Saar *(trans. – conj. 1)* 1. To put something on top of something, to place on; to load onto. Qalinka miiska ayaan saari doonaa – *I will put the pen on the table.* Alaabta gaadhiga buu saaray – *He loaded the equipment onto the car.* 2. (Of clothing) To take off. *(Used with iska):* Maan iska saarin koofiyadda – *I have not taken off the hat.* 3. To get someone out; to kick out. *(Used with ka):* Qolka ayaa laga saarayaa qofka hadla – *The person who speaks will be kicked out of the room.* 4. To appoint a committee *(Used with the word guddi):* Guddi ayaa loo saari doonaa mashruuca cusub – *A committee will be appointed for the new project.* 5. *(Used with soo):* To manufacture; to produce a play. Warshaddee gaadhigan soo saarta? – *Which factory makes this car?* Yaa riwaayadda soo saaray? – *Who has produced the play?* Saaris (n).

Sabatabbax *(intr. – conj. 1)* To be spared; to survive (e.g. an accident). *(Used with ka (of)):* Dadkii gaadhiga saarnaa way ka sabatabbaxeen shilka – *The people in the car survived the accident.* Sabatabbixis (n).

Sabsab *(trans. – conj. 1)* To soothe; to talk to child with a view to calming him/her down. Inantayda waan sabsabaa markay cadhooto – *I calm my daughter down by talking to her when she gets angry.* Sabsabis (n). Variant spelling: sasab.

Safo *(intr. – conj. 3b arb.)* To line up; to queue. Ardaydu way saftaan subax kasta intaysan gelin fasallada – *Pupils line up every morning before going to classes.* Safasho (n).

Sagooti *(trans. – conj. 2a)* To bid farewell. Waxaan sagootinayaa adeerkay – *I am bidding farewell to my uncle.* Sagootin (n). SMA: sii dhowee *(conj. 2b).*

Salaan *(trans. – conj. 1 arb.)* To greet. Faarax baan salaamay – *I have greeted Faarax.* Way isa salaamayaan – *They are greeting each other.* Salaan (n).

Salee *(trans. – conj. 2b)* To base on. *(Used with ku (on)):* Ku salee jawaabtaada dood maangal ah! – *Base your answer on a rational argument!* Salayn (n).

Samee *(trans. – conj. 2b)* To do something, to make something. *(Used with ka (out of)):* Waxaan ka sameeyay kursigan harag – *I made this chair from leather. (Used with u (for)):* Waxaad u samaysay Faadumo maraq macaan – *You have made a delicious soup for Faadumo.* 2. To repair, fix. Miyaad samayn kartaa raadiyo? – *Can you fix a radio?* 3. To compose, write (creatively). *(Used with la (with)):* Ila samee riwaayad – *Write a play with me.* 4. Maxaad samaynaysaa? – *What are you doing?* SMA: fal *(conj. 1);* suubbi *(conj. 2a).* Sameyn (n). SMA: hagaaji and suubbi *(both conj. 2a)*

Samir *(intr. – conj. 1 arb)* To be patient. *(Used with u (with)):* Waan u samray walaalkay markuu si kulul ii la hadlay – *I was patient with my brother* *when he spoke to me harshly.* Samris (n). SMA: dulqaado *(conj. 3b).*

Sar *(trans. – conj. 1)* To slit; to cut. Mindi ayaa fartayda sari gaadhay – *A knife has nearly cut my finger.* Saris (n).

Sarajoogso *(intr. – conj. 3a)* To stand up. Markii aabbihiis uu qolka soo galay Siciid wuu sarajoogsaday – *When his father entered the room Siciid stood up.* Sarajoogsiga (n). SMA: istaag *(conj. 1)* and joogso *(conj. 1)*

Sardhee *(intr. – conj. 2b)* To take a nap. Waan sardhaynayaa, hadhow i soo wac – *I am going to take a nap, phone me later.* Sardhayn (n).

Sawir *(trans. – conj. 1 arb.)* To draw. Sawir libaax ku fadhiya kursi! – *Draw a lion sitting on a chair!* Sawiris (n).

Seeg *(trans. – conj. 1)* To miss (e.g. a bus or a person one was waiting for): Baskii shanta baan seegay – *I missed the five o'clock bus.* 2. *(trans.):* To fall out with each other. *(Used with isa):* Labada siyaasi way isa seegeen – *The two politicians have fallen out with each other.* Seegis (n).

Seexo *(intr. – conj. 3b)* To go to sleep, to go to bed. Waxaan seexdaa tobanka habeen walba – *I go to bed at ten every night.* Seexasho (n).

Sid *(trans. – conj. 1)* To carry. *(Used in simple present):* Gaadhigu wuxuu sidaa cusbo – *The car is carrying salt.* 2. To bring. *(Used with* soo *and in simple present to convey future tense in*

English): Rooble wuxuu soo sidaa dhar cusub – *Rooble will bring new clothes.* Sidis (n).

Sido *(trans. – conj. 3b)* To be wearing. *(Used in the simple present tense to convey present continuous tense in English):* Ninku wuxuu sitaa shaati cad – *The man is wearing a white shirt.* Sidasho (n).

Sin *(trans. – conj. 1)* To align two things. Sin labada shaag! – *Align the two tyres!* 2. To treat people fairly (not to favour one over another). Waalidku waa inay simaan carruurtooda – *Parents should treat their children fairly.* 3. To rule or award someone compensation for injuries sustained. *(Used with* u*):* Gacanta jabtay baa loo simay ninka – *The man was awarded compensation because of his broken arm.* Simis (n). Sinnaan: equalty; fairness.

Socdaal *(intr. – conj. 1)* To travel. Waxaan socdaalayaa berri – *I am travelling tomorrow. (Used with* u *(to)):* Raage wuxuu u socdaalayaa Jarmalka berri – *Raage is travelling to Germany tomorrow.* Socdaal**ka** (n). SMA: safar and dhoof *(both conj. 1).*

Soco *(intr. – conj. 1)* To walk, to go on. *(Used in simple present to convey present continuous tense in English):* Halkee baad u socotaa? – *Where are you going?* 2. To follow; to monitor; to be aware of a situation. *(Used with* la*):* Wariye baa kulanka labada siyaasi la socday – *A reporter has been following the meeting of the two politicians.* SMA: ka warhay *(conj. 2b).* Socosho (n).

Sug *(trans. – conj. 1)* 1. To wait. I sug – *Wait for me. (Used with* ka *(from)):* Ka sug war isaga – *Wait for news from him.* SMA: dhowr *(conj. 1).* 2. To secure (e.g. peace). Waa in booliisku sugo nabadda magaalada – *The Police should secure peace in the town.* Sugis (n).

Sur *(trans. – conj. 1)* To hang something up. Furaha ayaan boodhka furayaasha suri doonaa – *I will hang the keys up on the board.* Suris (n).

Suubbi *(trans. – conj. 2a)* To do. Muxuu suubbinayaa? – *What is he doing?* 2. To add a little more oil or sugar as added value to retain a customer. *(Used with* u *(for)):* Saliidda way ii suubbisaa – *She gives me a little more edible oil (to keep me as customer).* 3. To repair, fix. Miyaad suubbin kartaa raadiyo? – *Can you fix a radio?* Suubbin (n). SMA: samee *(conj. 2b)*; hagaaji *(conj. 2a).*

Sh

Shaah *(intr. – conj. 1)* To have tea. Na keen aynu shaahno! – *Let us go and have tea.* Shaahis (n).

Shaki *(intr. – conj. 2 arb.)* To be suspicious of something. *(Used with* ka *(of)):* Waan ka shakiyay ninka sheegtay inuu yahay farsamoyaqaan – *I was suspicious of the man who claimed to be a technician.* Shakin (n).

Shanlee *(trans. – conj. 2b)* To comb hair. Shanlee timahaaga! – *Comb your hair!* Shanlayn (n).

Shaqee *(trans. – conj. 2b)* To work. Miyaad shaqaysaa Jimcaha? – *Do you work on Fridays?* Qamaan wuxuu u shaqeeyaa shirkad – *Qamaan works for a company.* Shaqayn (n).

Sharayso *(trans. – conj. 3b. arb)* To be superstitiously pessimistic about something. Maan sharaysto socdaalka Jimcaha – *I am not superstitiously pessimistic about travelling on Fridays.* Sharaysasho (n). SMA: belayso *(conj. 3b arb).*

Sharciyee *(trans. – conj. 2b arb)* To legalise; to render something legal (e.g. ownership). Waxaan sharciyeeyay gurigayga – *I have made ownership of my house legal.* Sharciyayn (n).

Sharrax *(trans. – conj. 1 arb)* 1. To decorate. Guriga waa inaan sharxo ka hor sanadka cusub – *I have to decorate the house before the New Year.* Guriga cusub salliyo xardhan baa lagu sharxi doonaa – *The new house will be decorated with patterned mats* 2. To explain. *(Used with u (to)):* Wuu ii sharrixi doonaa casharka – *He will explain the lesson to me.* 3. To put one's name forward for an electoral contest. *(Used with isa (self) and used with optional* soo): Samatar baa isa soo sharraxay – *Samatar has put forward his candidacy.* Sharraxis (n).

Sheeg *(trans. – conj. 1)* To tell. *(Used with* u*)*: Siciid baa ii sheegay inaad tegi doonto Soomaaliya – *Siciid has told me that you will go to Somalia.* 2. To say. *(Used in media reporting):* Wasiirku wuxuu sheegay in dib-u-habayn lagu samayn doono guddiga waxbarashada – *The minister said that the education committee would be reorganised.* Sheegis (n).

Sheego *(trans. – conj. 3b)* To claim. Nin baa furahan sheeganaya – *A man is claiming this key.* Carraale wuxuu sheegtaa inuu yahay tababbare – *Carraale claims to be a trainer.* Sheegasho (n).

Sheekayso *(trans. – conj. 3b)* To have a conversation. Waxaan la sheekaysanayaa Sahra – *I am having a conversation with Sahra.* Sheekaysi**ga** (n).

Sheekee *(trans. – conj. 2b)* To tell a story. *(Used with* u *(for)):* Miyaad ii sheekayn doontaa? – *Will you tell me a story?* *(Used with* ka *(about)):* Miyaad Wiilwaal ka sheekayn kartaa? – *Can you tell a story about Wiilwaal?* Sheekayn (n).

Sheex *(intr. – conj. 1)* To be shy. Maan sheexo marka aan dad la joogo – *I am not shy when I am with people. (Used with* ka *(of)):* Miyaad ka sheexdaa heesidda? – *Are you shy of singing?* Isku sheex! – *Shame on you!* Sheexis (n). Variant spelling: shiix.

Shid *(trans. – conj. 1)* To light a fire. Dab ayaan shidi doonaa – *I will light fire.* 2. To turn on a light. Miyaad shidday nalka? – *Have you turned on the light?* Shidis (n).

Shiil *(trans. – conj. 1)* To fry. Hilib ayay shiilaysaa – *She is frying meat.* Shiilis (n).

Shiir *(trans. – conj. 1)* (Of meat). To give off a bad odour after it is left outside. Hilibku wuu shiirayaa – *The meat is giving off a bad smell.* Shiiris (n).

Shiish *(trans. – conj. 1)* (Of guns, arrows etc). To aim at a target. Waxaan shiishi karaa bartilmaameedka – *I can aim at the target.* Shiish**ka** (n). SMA: toogo *(conj. 3b)*.

Shir *(trans. – conj. 1)* To have an official meeting. Miyaad Guhaad la shiri doontaa? – *Will you have a meeting with Guhaad?* Shiris (n).

Shiri *(trans. – conj. 2a):* To organise a meeting for people; to make some people meet/to bring people together. Siyaad baa odayaasha degmada shirinaya – *Siyaad is organising a meeting for the district elders.* Shirin (n).

Shub *(trans. – conj. 1)* To pour
something. Koobka ayaan caano ku
shubay – *I have poured milk into the cup.*
(Used with u *(for)):* Miyaad shaah ii
shubtay? – *Have you poured tea for me?*
Shubis (n).

Shumi *(trans. – conj. 2a)* To kiss.
Farraatigiisa ayuu shumiyaa markuu
gool dhaliyo – *He kisses his ring when he*
scores a goal. Shumin (n). SMA: dhunko
(conj. 3b).

T

Taabo *(trans. – conj. 3b)* 1. To touch.
Waxaan taaban karaa saqafka – *I*
can touch the ceiling. 2. To touch on.
Wasiirku wuxuu taabtay mashruuca
cusub – *The minister has touched on the*
new project. Taabasho (n).

Taag *(trans. – conj. 1)* To raise; to erect.
Wuxuu taagay laba tiir – *He has put up*
two poles. Taagis (n).

Taageer *(trans. – conj. 1)* To support;
assist. Wuxuu taageeraa naadiga
kubbadda cagta ee magaalada – *He*
supports the town football club. (Used
with ku *(with)):* Dowladdu waxay
ku taageertaa saboolka cunto – *The*
government supports the poor with food.
Taageeris (n).

Tab *(trans. – conj. 1)* To miss someone
or something. Waxaan tabayaa
walaalkay Faarax – *I am missing my*
brother Faarax. Tabis (n).

Tabaalow *(intr. – conj. 1)* To find
oneself in a difficult situation/
to be in dire straits; to suffer (e.g. a
drought). Dad baa ku tabaaloobay
abaarta – *People have suffered in the*
drought. Tabaaloobis (n). Tabaala**ha** (n):
privation.

Tababbar *(trans. – conj. 1):* To
train. Xaddiyo waxay tababbartaa
kalkaalisooyinka – *Xaddiyo trains nurses.*
Tababbaris (n). Tababbar**ka** (n). SMA:
layli *(conj. 2a)*.

Tabo *(trans. – conj. 3b)* To be concerned about something. Muxuu tabanayaa Qaasim? – *What is Qaasim concerned about?* Tabasho (n).

Tacab *(trans. – conj. 1 arb)* To work on one's own farm/to farm one's own land. Sisin buu xilligan tacbayaa – *He is growing sesame this season.* Tacbis (n) Tacab**ka** (n): produce.

Tacsiyadee *(trans. – conj. 2b arb)* To offer condolences. *(Used with u):* Wuu u tacsiyadeeyay qoyska – *He has offered condolences to the family.* Tacsiyadayn (n).

Tafsiir *(trans. – conj. 1 arb.)* (Of the Qur'an). To explain the meaning of the scripture. Sheekhu Quraanka ayuu galab kasta tafsiiraa – *The Sheikh explains the meaning of the Qur'an every afternoon.* Tafsiir**ka** (n).

Tag *(intr. – conj. 1)* 1. To go. Miyaad tagaysaa London berri? – *Are you going to London tomorrow? (Used with u (to) for people):* Miyaad walaalkaa u tagaysaa? – *Are you going to your brother?* 2. *(Used with ka):* To leave something behind. Furayaashaada ayaad ka tagtay – *You have left your keys behind.* Tagis (n).

Tahniyadee *(trans. – conj. 2b arb)* To congratulate someone. *(Used with u):* Waxaan u tahniyadaynayaa saxiibkay oo gudbay imtixaan – *I am congratulating my friend for passing an examination.* Tahniyadayn (n).

Tahriib *(intr. – conj. 1 arb.)* To enter a foreign country illegally. *(Used with*

u *(to)):* Soomaali badan baa Yemen u tahriibtay – *Many Somalis have entered Yemen illegally.* Tahriibis (n).

Takoor *(trans. – conj. 1)* To segregate, to isolate. Dhaqankiisa ayaa dadka ka takooraya – *His behaviour is isolating him from people.* Takooris (n).

Tali *(trans. – conj. 2a)* 1. To rule, govern, administer. *(Used with ka):* Dowladda ayaa ka talisa gobolkan – *The government rules this region.* 2. To advise; consult with. *(Used with la (with) and ka (on)):* Bullaale baa igala (i+ka+la) taliya siyaasadda waxbarashada – *Bullaale advises me on educational policy.* 3. To suggest. *(Used with ku):* Wuxuu ku talinayaa in wadahadal lala yeesho mucaaradka – *He is suggesting talks with the opposition.* Talin (n). Talis**ka** (n): command post; headquarters of police or security service; a rule.

Tallow *(trans. – conj. 1)* To cross. *(Used with ka (across)):* Waddada ayaan ka tallaabay – *I have crossed the road.* Tallaabis (n). Tallaabo (n): a step, measure. SMA: gudub *(conj. 1)*.

Tar *(intr. – conj. 1)* 1. To have the ability; affect; be of use. Muxuu gaarigan taraa? – *How useful is this car?* 2. *(trans.)* To be helpful to someone. *(Used with 'wax'):* Walaalkay wax buu i taray markaan la kulmay bishii hore – *My brother was helpful to me when I met him last month.* Taris (n).

Taran *(intr. – conj. 1):* To breed. Miyay jiirarku si degdeg ah u tarmaan? – *Do* *rats breed quickly?* Taran**ka**(n). Taran**ta** (n): a product *(maths).*

Tarjum *(trans. – conj. 1 arb.)*:
To translate. Yaa tarjumi doona buuggan? – *Who will translate this book? (Used with* u *(into) and* ka soo *(from))*: Buuggan waxaa loo tarjumay af Soomaali – *This book has been translated into Somali.* Tarjumis (n). Variant spelling: turjum. SMA: rog and beddel *(both conj. 1 and used with* u).

Tasho *(intr. – conj. 3a)* 1. To make up one's mind. Waan tashanayaa – *I will make up my mind.* 2. To rely on someone or something. *(Used with* ku *(on))*: Waan kugu tashanayay maadse imanin goobta shalay – *I was relying on you but you did not come to the venue yesterday.* Maan kugu tashanayo – *I am no longer relying on you.* Tashi**ga** (n).

Tiigso *(trans. – conj. 3a)* 1. To reach out for something. *(Used with* u *(for))*: Miyaad koobkaas ii tiigsan kartaa, adigoo mahadsan? – *Would you reach over for the cup for me, please.* SMA: laac *(conj. 1).* 2. Make an effort to realise a goal; to aim at something. Waxaan tiigsanayaa dhaqtarnimo – *I am aiming to become a doctor.* Tiigsasho (n).

Tiiraanyood *(intr. – conj. 3a):* To be saddened. *(Used with* ka *(about))*: Waxay ka tiiraanyootay dhaawaca bisaddeeda (soo) gaadhay – *She is sad about the injury her cat has sustained.* Tiiraanyo (n). SMA: murugood *(conj. 3a.)*

Tiiri *(trans. – conj. 2a):* To incline, lean something on or against something

else; to stand something up against something else. Looxa ayaan ku tiiriyay darbiga – *I stood the plank of wood up against the wall.* Tiirin (n).

Tiirso *(intr. – conj. 3a)* To lean on something. *(Used in simple past to convey present continuous or simple past in English)*: Derbiga ayuu ku tiirsaday – *He is leaning on the wall.* Tiirsasho (n).

Toogo *(trans. – conj. 3b)* 1. To shoot at a target. Askarigu wuu toogan karaa bartilmaameed – *The soldier can shoot at a target.* 2. To kill someone by firing squad. Waa la toogan doonaa askariga xabbad dadka si u-la-kac ah ugu fura – *The soldier who opens fire on people intentionally will be shot by firing squad.* Toogasho (n).

Toosi *(trans. – conj. 2a)* To wake someone up. Shantii baa la i toosiyay – *I was woken up at five.* 2. To straighten. Waan toosiyaa shaatiga – *I straighten my shirt.* 3. To correct someone. Wuu i toosiyay laba jeer – *He corrected me twice.* 4. To direct someone; to show the way. Yaa ku toosiyay markaad u socotay suuqa? – *Who has directed you on the way to the market?* Toosin (n).

Tub *(trans. – conj. 1)* To pile up. *(Used optionally with* soo): Dhar baa la soo tubaa dukaanka hortiisa – *Clothes are piled up in front of the shop.* Tubis (n). SMA: tuur *(conj. 1).*

Tuji *(trans. – conj. 2a)* To lead prayer in a mosque or in a house. Sheekha ayaa

na tujiya – *The Sheikh leads us in prayer.*
Tujin (n).

Tuko *(intr. – conj. 3a)* To say one's
prayers. Miyaad tukataa aroor
walba? – *Do you pray every morning?*
Miyaad ku tukutay masaajidka? – *Have
you prayed at the mosque?* Tukasho (n).
Variant spelling: duko.

Tumo *(intr. – conj. 3b)* To be addicted
to going and dancing at nightclubs.
Wuu tuntaa – *He is addicted to dancing
at nightclubs.* Tumasho (n).

Tun *(trans. – conj. 1)* 1. To hit someone
hard. Tuugga waa la tumay markuu
guriga u soo dhacay xalay – *The
thief was hit hard when he broke into
the house last night.* 2. To play a
musical instrument. Waan tumi karaa
kitaarka – *I can play the guitar.* 3. (Of
bands) To entertain at a night club.
(Used with ka at)): Kooxda Shareero
waxay ka tumi jirtay caweysyada
Muqdisho – *The Shareero band used to
play at Mogadishu night clubs.* Tumis (n).

Tuur *(trans. – conj. 1)* 1. To throw.
*(Used optionally with soo and ku
(at)):* Yaa dhagaxa ku soo tuuray
gaadhiga? – *Who has thrown a stone
at the car?* 2. To throw something
away. Alaabta aanan u baahnayn waan
tuuraa – *I throw away things I don't need.*
3. To pile something up. Qashinka baa
la tuuray luuqa – *Rubbish has piled up/
been left in the alleyway.* SMA: tub *(conj.
1)* Tuuris (n).

U

Ujeed *(trans. – conj. 1)* 1. To see.
Waxaan ujeedaa gaadhi cusub – *I see a
new car.* SMA: arag *(conj. 1 but not used
imperatively)* 2. To mean. Maxaad u (la)
jeeddaa? – *What do you mean?* Ujeedis
(n). Ujeeddo (n): aim.

Ulee *(trans. – conj. 2b)* To beat someone
with a stick. Dukaanluhu muu ulayn
bililiqeystaha – *The shop owner has not
beaten up the looter with a stick.* Ulayn
(n).

Ummul *(trans. – conj. 1)* To give birth.
Sahra way umushay xalay – *Sahra gave
birth last night.* 2. *(trans.)* To give birth
to. Sahra gabadh bay umushay – *Sahra
has given birth to a girl.* Ummulis (n).
Ummu**sha** (n): woman who has given
birth. Ummuliso (n); Midwife. SMA:
foolo *(conj. 3b).*

Ur *(intr. – conj. 1)* To smell; to stink.
Maxaa uraya? – *What is giving off the
bad smell? (Used with u (to)):* Waxaa ii
uraya maraq – *I can smell soup cooking.*
Ur**ka** (n).

Uri *(trans. – conj. 2a)* To smell
something. Waxaan uriyay barafuun
cusub – *I have smelt a new perfume.* Urin
(n).

Ururi *(trans. – conj. 2a)* 1. To collect
something; to pick up something.
Ururi dharka saaran miiska! – *Pick up
the clothes on the table!* 2. To raise money.
Sahro ayaa lacag dadka hantida leh ka
ururinaysa – *Sahra is raising money from
wealthy people.* Ururin (n).

W

Waa *(trans. – conj. 2b)* 1. To fail to find something. Waan waayay lacagtii – *I have not found the money.* Lacagta waa! – *I hope you don't find the money!* Waan waayaa furayaashayda mararka qaarkood – *Sometimes I cannot find my keys.* 2. To have failed to do something. *(Used as modal verb in the past tense meaning 'failed to' with a verb in an infinitive form):* Waan tagi waayay London shalay – *I failed to go to London yesterday.* Waayis (n).

Waal *(trans. – conj. 1)* To drive someone mad. Ha i waalin! – *Don't drive me mad!* Waalis (n).

Waalo *(intr. – conj. 3b)* To go mad. Waxaan u malaynayaa inuu waashay xalay – *I think he went crazy last night. (Used with u (for)):* Wuxuu u waashay madaxweynenimo – *He has gone mad for the presidency.* Waalasho (n).

Wac *(trans. – conj. 1)* 1. To call someone by name. Wac Geelle! – *Call Geelle!* 2. To ring someone. *(Used with soo):* Waan ku soo wici doonaa hadhow – *I will ring you later.* Wicis (n).

Wacatan *(intr. – conj. 1)* 1. To make a promise to someone. *(Used as a plural for two or more people):* Way wacatameen – *They made a promise to each other.* 2. *(trans.)* I la wacatan! – *Make me a promise.* Wacatan**ka** (n).

Wad *(trans. – conj. 1)* 1. To drive. Cabdi wuxuu wadaa gaadhi – *Cabdi drives*

a car. 2. To be driven or motivated by an ambition or goal. Waxa i wada waa ilaalinta deegaanka – *What drives me is the protection of the environment.* 3. To carry something. *(Used in general present to convey the present continuous tense in English):* Waxaan kuu wadaa farriin – *I am carrying a message for you. (Used with* soo *and in simple present tense to convey a future tense in English):* Waxaan kuu soo wadaa qado macaan – *I will bring you a delicious lunch.* 4. To expect. *(Used with* ku *but only with an impersonal pronoun* la-lagu*):* Shirka waxaa lagu wadaa inuu ka dhaco Nayroobi – *The meeting is expected to take place in Nairobi.* 5. To mean. *(Used with* ka *and in a simple present or simple past tense):* Maxaad ka waddaa, 'Maan garanayo'? – *What do you mean by, 'I don't know'?* SMA: u la jeed: *(conj. 1.* Not used with *ka).* Wadis (n).

Wadaag *(trans. – conj. 1)* To share. *(Used with* la):* Waxaan la wadaagayaa Jaamac gaadhiga – *I am going to share the car with Jaamac.* 2. To be related (e.g. at clan/sub-clan level) *(Used with and preceded by 'wax' for two or more people):* Labada nin wax bay wadaagaan – *The two men are related.* Wadaagis (n).

Wadaaji *(trans. – conj. 2a)* To make two or more people share something. Wuxuu aniga iyo walaalkay na wadaajiyay gaadhi cusub – *He has made me and my brother share a new car.* Wadaajin (n).

Wado *(trans. – conj. 3b)* To drive for one's own benefit. Gaadhi cusub buu wataa – *He drives a new car.* 2. To carry.

(Used with simple present or simple past tense): Miyaad qado wadataa? – *Do you have your own lunch with you?* 3. To be caused to do or be involved in something. *(Used with ku colloquially and in simple present or simple past sentences):* Maxaa kugu watay iibsashada gaadhi duug ah? – *What caused you to buy a second hand car?* Wadasho (n).

Walaaq *(trans. – conj. 1)* To stir. Miyaad walaaqaysaa mushaarida? – *Are you stirring the porridge?* Ku walaaq sonkorta shaaha! – *Stir the sugar into the tea!* Walaaqis (n).

Wanaaji *(trans. – conj. 2a)* To improve something; to treat someone well. Waa inaad wanaajiso xidhiidhka u dhexeeya adiga iyo walaalkaa – *You ought to improve the relationship between you and your brother.* I wanaaji – *Treat me well.* Wanaajin (n).

Warayso *(trans. – conj. 3b)* 1. To ask someone about news. Leyla baan ka waraystay kulankii shalay – *I have asked Leyla about yesterday's meeting* 2. To interview (media – related). Wariye baa madaxweynaha waraystay – *A reporter has interviewed the president.* Waraysi**ga** (n).

Wareeg *(trans. – conj. 1)* 1. To go around, to tour around. *(Used with ku):* Ku wareeg guriga! – *Go around the house.* 2. To hang about, to go around. *(Used with soo):* Waxaan doonayaa inaan magaalada ku soo wareego – *I want to hang about in the town.* 3. To give way, to get out of the way. *(Used with ka):* Ka wareeg adigoo mahadsan! – *Give way please!* 4. To take over (e.g. responsibility); to confiscate (e.g. a property or smuggled goods). *(Used with la):* Wasiirka cusub baa xilka kala wareegay wasiirkii hore – *The new minister has taken over from the former minister.* Dowladda ayaa la wareegtay alaabtii sida sharci-darrada ah dalka loo soo geliyay – *The government has confiscated goods that have been brought into the country illegally.* Wareegis (n).

Wareeji *(trans. – conj. 2a)* 1. To take someone sightseeing in a town; to show or take someone around. *(Used with ku and optional soo):* Saaxiibkay baa magaalada igu soo wareejin doona – *My friend will show me around the town.* 2. To spin something. Wareeji shaagga! – *Spin the tyre!* 3. To hand over (e.g. responsibility). *(Used with ku):* Jaamac ayaa xilka ku wareejin doona Faarax – *Jaamac will hand over responsibility to Faarax.* Wareejin (n).

Warran *(trans. – conj. 1)* To give news. Iska warran! – *How are you? (Used with u (to)):* Waan kuu warrami doonaa – *I will give you news. (Used with ka (how about)):* Ka warran haddii aad ka qaybgasho shirka berri dhici doona? – *How about you attending the meeting that will take place tomorrow?* Warramis (n).

Waynow *(intr. – conj. 3a)* 1. To grow up; to become bigger (physically). Inanku si degdeg ah ayuu u waynaaday – *The boy has grown up quickly.* SMA: kor *(conj. 1)*. 2. To grow out of/outgrow. *(Used with ka):* Miyaad ka waynaatay cadhada degdegga ah? – *Have you grown out of your quick temper?* Waynaansho (n).

Weydii *(trans. – conj. 2a)* To ask. I weydii su'aal! – *Ask me a question!* Weydiin (n). SMA: Su'aal *(conj. 1)* and warso *(conj. 3a)*.

Weynee *(trans. – conj. 2b)* 1. To magnify something; to make something big. Qolkan weynee marka guriga la dhisayo – *Make this a big room when the house is being built.* 2. To glorify. Miyay weyneeyaan awliyadooda? – *Do they glorify their saints?* Weynayn (n).

X

Xabaal *(trans. – conj. 1)* To bury. Halkee baa sanduuqa lagu xabaalay shalay? – *Where was the box buried yesterday?* Xabaalis (n). SMA: aas and duug *(both conj. 1).* Xabaale (n-masc.): cemetery.

Xasee *(trans. – conj. 2b)* To put or hide something somewhere. Yaa kabahayga xaseeyay? – *Who has hidden my shoes?* Xasayn (n).

Xedhee *(trans. – conj. 2b)* To put something in the store; to put an animal in the pen of livestock. Miyaad xedheynaysaa adhiga? – *Are you putting goats in the pen?* Xedhayn (n). Variant spelling: xeree.

Xeedhi *(trans. – conj. 2a)* To consider or take a rule into account (legal or cultural). Waa inaad xeedhiso derisnimada – *You should take neighbourliness into account.* Xeedhin (n). Variant spelling: xeeri

Xidh *(trans. – conj. 1)* 1. To close, shut. Xidh daaqadda! – *Shut the window!* 2. To help someone put something on. *(Used with* u*):* U xidh inanka saacad! – *Help the boy put on a watch.* 3. To arrest someone. Booliiska ayaa xidhay Cabdi shalay – *The police arrested Cabdi yesterday.* Xidhis (n). Variant spelling: xir.

Xidhan *(intr. – conj. 1 pass. v.)* To be shut. Daaqaddu way xidhantaa marka dabayshu socoto – *The window blows shut in the wind (Lit: the window gets shut*

when the wind is blowing). Xidhmis (n). Variant spelling: Xiran.

Xidhiidh *(trans. – conj. 1)* To contact someone. *(Used with* la soo*)*: Waan ku la soo xidhiidhi doonaa berri – *I will contact you tomorrow*. Xidhiidh**ka** (n). Variant spelling: xiriir.

Xidho *(trans. – conj. 3b)* To wear clothes. Ninku wuxuu xidhanayaa dhar cusub – *The man is going to wear new clothes*. Xidhasho (n). Variant spelling: xiro

Xig *(intr. – conj. 1)* 1. To be next to. *(Used with* ku *(to))*: Guriga Sareedo wuxuu ku xigaa dukaanka – *Sareedo's house is next to the shop*. 2. To be related to someone (in clan terms). Riiraash baa i xiga – *Riiraash is related to me*. 3. To express familial relatedness for more than one person. *(Used with and prefixed by* is *(each other))*: Qowdhan iyo Xandulle way is-xigaan – *Qowdhan and Xandulle are related to each other*. Xigis (n).

Xigo *(trans – conj. 3b)* To quote someone or to quote from a document. Wariyuhu wuxuu xigtaa siyaasi – *The reporter quotes a politician*. Xigasho (n).

Xiisee *(trans. – conj. 2b)* To be interested in something. Calasow baa taariikhda magaalada xiiseeya – *Calasow is interested in the town's history*. Xiiseyn (n). SMA: danee *(conj. 2b)*.

Xusuusi *(trans. – conj. 2a)* To remind someone of something. Jaamac baa kulanka i xusuusin doona – *Jaamac will remind me of the meeting*. Xusuusin (n).

Xusuuso *(trans. – conj. 3b)* To remember. Waan xusuusan karaa maalinta aad dhalatay – *I can remember the day you were born*. Xusuusasho (n). Xusuus**ta** (n): memory.

Y

Yaab *(intr. – conj. 1)* To be astonished. *(Used in the past tense but can also have a meaning in the simple present. When used in a simple present sentence it shows a habitual action):* Waan yaabaa – *I am surprised.* Waan yaabay – *I was surprised. (Used with* la *(at)):* Wuu la yaabay waxaad tidhi – *He was astonished at what you said.* Waxaa laga yabaa in . . . – *It is possible that . . . ,* Laga yaabee in . . . *(colloquial form of 'yaabaa')* – *Possibly.* Yaabis (n). Yaab**ka** (n): astonishment.

Yaabi *(trans. – conj. 2a)* To astonish, to surprise someone. *(Used with* ka*):* Miyaad ka yaabisay Goodax markaad ku guuleysatay imtixaanka wadista gaadhiga? – *Have you surprised Goodax by passing the driving test?* Yaabin (n).

Yarayso *(trans. – conj. 3b)* 1. To have little of, to be frugal with something. Waa inaan yaraysto shaaha – *I shouldn't have too much tea.* 2. To underestimate ability or age of someone or intensity or severity of something. Waxaan u malaynayaa inaydin saamaynta abaarta yaraysateen – *I think you have underestimated the effect of the drought.* Yaraysasho (n).

Yaree *(trans. – conj. 2b)* 1. To reduce or to make something small. Waxay i la tahay inaad yarayso tirada sigaarka aad cabto maalin kasta – *I think you ought to reduce the amount of cigarettes you smoke every day.* Yarayn (n).

Yarow *(intr. – conj. 3a)* To become small in number; to decrease. Biyaha ceelku way yaraadeen – *The water in the well has decreased.* Yaraansho (n).

Yas *(trans. – conj. 1)* To look down on someone or something; despise. Maan yaso dadka – *I don't look down on people.* Yasid (n). SMA: Quurso *(conj. 3a).*

Yaxyax *(intr. – conj. 1)* To be embarrassed. Miyay yaxyaxday gabadhu markii lagu yidhi 'Hees'? – *Was the girl embarrassed when told,' Sing'?* Yaxyaxis (n). Yaxyax**a** (n): embarrassment

Yeedh *(trans. – conj. 1)* To call out by using a personal name/to hail (a taxi). *(Used with* u*):* Jaamac baa u yeedhaya Faarax – *Jaamac is calling Faarax.* Yeedhis (n).

Yeedhsii *(trans. – conj. 2a)* To make someone say something (by using force); to force a confession. *(Used with* ka, *and the person is quoted verbatim):* Booliiska ayaa ninka ka yeedhsiiyay, 'Dambiga aniga ayaa falay' – *The police made the man say, 'I have committed the crime'.* Yeedhsiin (n).

Yeel *(trans. – conj. 1)* 1. To accept (e.g. an offer or advice). Wuu yeelay talada aan siiyay – *He has accepted the bit of advice I have given him.* 2. To allow. *(Used with* ka*):* Miyuu Jaamac kaa yeeli doonaa inaad gaadhigiisa London u wadato? – *Will Jaamac allow you to drive his car to London?* Maan kaa yeeleyo aflagaaddo – *I will not accept insults from you.* 3. To do something to someone (implying mistreatment). Muxuu

Sooyaan ku yeelay? – *What has Sooyaan done to you?* Yeelis (n).

Yeelo *(trans. – conj. 3b)* 1. To acquire; to begin to own; to get something new. Guri cusub bay Sahra yeelatay – *Sahra has acquired a new house.* 2. To develop a new character or physical features. Fahad wuxuu yeeshay bidaar – *Fahad has become bald.* Yeelasho (n).

Somali Verb Conjugation Tables

Simple Past (positive). Used with mood classifiers (wuu, way etc) and in *waxaa* constructions; with verbal subject pronouns: *aan, uu, aad, ay, aynu, aydin;* for in-clauses (e.g. inaan . . .), and with if/when sentences (e.g. haddii/markii aan etc).

Verbs	Aniga — I	Isaga — He	Adiga — You, singular	Iyada — She	Idinka — You, plural	Iyaga — They	Innaga — We
Conj. 1	keenay	keenay	keentay	keentay	keenteen	keeneen	keennay
Conj.2a	kariyay	kariyay	karisay	karisay	kariseen	kariyeen	karinnay
Conj.2b	sameeyay	sameeyay	samaysay	samaysay	samayseen	sameeyeen	samaynay
Conj.3a	joogsaday	joogsaday	joogsatay	joogsatay	joogsateen	joogsadeen	joogsannay
Conj.3b	furtay	furtay	furatay	furatay	furateen	furteen	furannay
Irr.verb							
Odho	idhi	yidhi	tidhi	tidhi	tidhaahdeen	yidhaahdeen	nidhi
Ool	il	yil	til	til	tilleen	yaalleen	nil
Aqow	iqiin	yiqiin	tiqiin	tiqin	tiqiinneen	yaqaanneen	niqiin
Imow	imid	yimid	timid	timid	timaaddeen	yimaadeen	nimid
Ah	ahaa	ahaa	ahayd	ahayd	ahaydeen	ahaayeen	ahayn

Simple Past (negative). Used for the negative marker *aan;* negative focus words *baan* and *ayaan;* negative in-clauses and negative haddii (if) constructions: *inaanan/ inaadan/inuusan/inaysan/inaynan/inaydan,* and for the negative imperative *ha* (do not/don't) and for negative interrogative (e.g. *miyaadan/sow*), and negative interrogative, reduced form (*e.g. Ma inanka baan London tegin?* – Has the boy not gone to London?); *intaanan, intaysan, intuusan etc; negative imperative *ha,* and negative optative *yaanan, yaynan, yuusan etc.*

	Independent Somali Pronouns						
Verbs	Aniga I	Isaga He	Adiga You, singular	Iyada She	Idinka You, plural	Iyaga They	Innaga We
Conj. 1	keenin	keenin	keenin	keenin	keenin	keenin	keenin
Conj. 2a	karin	karin	karin	karin	karin	karin	karin
Conj. 2b	samayn	samayn	samayn	samayn	samayn	samayn	samayn
Conj. 3a	joogsan	joogsan	joogsan	joogsan	joogsan	joogsan	joogsan
Conj. 3b	furan	furan	furan	furan	furan	furan	furan
Irr. verb							
Odho	odhan	odhan	odhan	odhan	odhan	odhan	odhan
Ool	oollin	oollin	oollin	oollin	oollin	oollin	oollin
Aqow	aqoon	aqoon	aqoon	aqoon	aqoon	aqoon	aqoon
Imow	iman	iman	iman	iman	iman	iman	iman
Ah	ahayn	ahayn	ahayn	ahayn	ahayn	ahayn	ahayn

Simple Present (non-reduced-positive). Used for positive and positive interrogative sentences.

Verbs	Aniga I	Isaga He	Adiga You, singular	Iyada She	Idinka You, plural	Iyaga They	Innaga We
Conj. 1	keenaa	keenaa	keentaa	keentaa	keentaan	keenaan	keennaa
Conj. 2a	kariyaa	kariyaa	karisaa	karisaa	karisaan	kariyaan	karinnaa
Conj. 2b	sameeyaa	sameeyaa	samaysaa	samaysaa	samaysaan	sameeyaan	samaynaa
Conj. 3a	joogsadaa	joogsada	joogsataa	joogsataa	joogsataan	joogsadaan	joogsannaa
Conj. 3b	furtaa	furtaa	furataa	furataa	furataan	furtaan	furannaa
Irr.v:							
Odho	idhaahdaa	yidhaahdaa	tidhaahdaa	tidhaahdaa	tidhaahdaan	yidhaahdaan	nidhaahna
Ool	aallaa	yaallaa	taallaa	taallaa	taalliin	yaalliin	naallaa
Aqow	aqaannaa	yaqaannaa	taqaannaa	taqaannaa	taqaanniin	yaqaanniin	naqaannaa
Imow	imaadaa	yimaadaa	timaaddaa	timaaddaa	timaaddaan	yimaadaan	nimaadnaa
Ah	ahaadaa	ahaadaa	ahaataa	ahaataa	ahaataan	ahaadaan	ahaannaa

The top of the table reads: **Independent Somali Pronouns**

Simple Present (reduced form). Used positively (*e.g. Aniga ayaa cuna bariis* – I eat rice); for positive interrogative sentences (*Ma aniga baa bariis cuna?* – Do I eat rice?); *waxaa/maxaa; kee, tee, kuma, tuma, kuwee* constructions.

Independent Somali Pronouns

Verbs	Aniga I	Isaga He	Adiga You, singular	Iyada She	Idinka You, plural	Iyaga They	Innaga We
Conj.1	keena	keena	keenta	keenta	keena	keena	keenna
Conj.2a	kariya	kariya	karisa	karisa	kariya	kariya	karinna
Conj.2b	sameeya	sameeya	samaysa	samaysa	sameeya	sameeya	samayna
Conj.3a	joogsada	joogsada	joogsata	joogsata	joogsada	joogsada	joogsanna
Conj.3b	furta	furta	furata	furata	furta	furta	furanna
Irr. verb							
Odho	idhaahda	yidhaahda	tidhaahda	tidhaahda	yidhaahda	yidhaahda	nidhaahna
Ool	aalla	yaalla	taalla	taalla	yaalla	yaalla	naalla
Aqow	aqaanna	yaqaanna	yaqaanna	taqaanna	yaqaanna	yaqaanna	naqaanna
Imow	imaada	yimaada	yimaada	timaadda	yimaada	yimaada	nimaadna
Ah.	ahaada	ahaada	ahaata	ahaata	ahaada	ahaada	ahaanna

Simple Present (negative). Used also for positive if/when/while and in-clauses; positive optative *ha* (let) and *ha* (be it); interrogative positive sentences expressing obligation (*miyay tahay gaari inaad keentid/ma gaari inaad keento baa?* – Should you bring a car?) and miyay ahayd constructions (e.g. *Miyay ahayd inaad gaari keento shala*y? – Should you have brought a car yesterday?); sentences expressing obligation *(Waa inaan Soomaaliya tago* – I have to go to Somalia); intaad . . . (as much as . . .).

Verbs	Aniga I	Isaga He	Adiga You, singular	Iyada She	Idinka You, plural	Iyaga They	Innaga We
			Independent Somali Pronouns				
Conj. 1	keeno	keeno	keento	keento	keentaan	keenaan	keenno
Conj.2a	kariyo	kariyo	kariso	kariso	karisaan	kariyaan	karinno
Conj.2b	sameeyo	sameeyo	samayso	samayso	samaysaan	sameeyaan	samayno
Conj.3a	joogsado	joogsado	joogsato	joogsato	joogsataan	joogsadaan	joogsanno
Conj.3b	furto	furto	furato	furato	furataan	furtaan	furanno
Irr. verb							
Odho	idhaahdo	yidhaahdo	tidhaahdo	tidhaahdo	tidhaahdaan	yidhaahdan	nidhaahno
Ool	aallo	yaallo	taallo	taallo	taalliin	yaalliin	naallo
Aqow	aqaan	yaqaan	taqaan	taqaan	taqaanniin	yaqaanniin	naqaan
Imow	imaado	yimaado	timaaddo	timaaddo	timaaddaan	yimaadaan	nimaadno
Ah	ahaado	ahaado	ahaato	ahaato	ahataan	ahaadaan	ahaanno

Present continuous tense (non-reduced positive). Used for positive and positive interrogative sentences

| Verbs | Independent Somali Pronouns | | | | | | |
	Aniga I	Isaga He	Adiga You, singular	Iyada She	Idinka You, plural	Iyaga They	Innaga We
Conj. 1	keenayaa	keenayaa	keenaysaa	keenaysaa	keenaysaan	keenayaan	keenaynaa
Conj.2a	karinayaa	karinayaa	karinaysaa	karinaysaa	karinaysaan	karinayaan	karinaynaa
Conj.2b	sameynayaa	sameynayaa	samaynaysaa	samaynaysaa	samaynaysaan	samaynayaan	samaynaynaa
Conj.3a	joogsanayaa	joogsanayaa	joogsanaysaa	joogsanaysaa	joogsanaysaan	joogsanayaan	joogsanaynaa
Conj.3b	furanayaa	furanayaa	furanaysaa	furanaysaa	furanaysaan	furanayaan	furanaynaa
Irr. verb							
Odho	odhanayaa	odhanayaa	odhanaysaa	odhanaysaa	odhanaysaan	odhanayaan	odhanaynaa
Ool	oollayaa	oollayaa	oollaysaa	oollaysaa	oollaysaan	oollayaan	oollaynaa
Aqow	aqoonayaa	aqoonayaa	aqoonaysaa	aqoonaysaa	aqoonaysaan	aqoonayaan	aqoonaynaa
Imow	imanayaa	imanayaa	imanaysaa	imanaysaa	imanaysaan	imanayaan	imanaynaa
Ah	ahaanayaa	ahaanayaa	ahaanaysaa	ahaanaysaa	ahaanaysaan	ahaanayaan	ahaanaynaa

Present continuous tense (reduced form). Used for positive, and positive interrogative sentences using maxaa, waxaa, kee, tee, kuma, tuma and kuwee.

Verbs	Independent Somali Pronouns						
	Aniga I	Isaga He	Adiga You, singular	Iyada She	Idinka You, plural	Iyaga They	Innaga We
Conj.1	keenaya	keenaya	keenaysa	keenaysa	keenaya	keenaya	keenayna
Conj.2a	karinaya	karinaya	karinaysa	karinaysa	karinaya	karinaya	karinayna
Conj.2b	sameynaya	sameynaya	samaynaysa	samaynaysa	sameynaya	sameynaya	samaynayna
Conj.3a	joogsanaya	joogsanaya	joogsanaysa	joogsanaysa	joogsanaya	joogsanaya	joogsana
Conj.3b	furanaya	furanaya	furanaysa	furanaysa	furanaya	furanaya	furanayna
Irr.verb							
Odho	odhanaya	odhanaya	odhanaya	odhanaysa	odhanaya	odhanaya	odhanayna
Ool	oollaya	oollaya	oollaysa	oollaysaa	oollaaya	oollaaya	oollayna
Aqow	aqoonaya	aqoonaya	aqoonaysa	aqoonaysa	aqoonaya	aqoonaya	aqoonayna
Imow	imanaya	imanaya	imanaya	imanaysa	imanaya	imanaya	imanayna
Ah	ahaanaya	ahaanaya	ahaanaysa	ahaanaysa	ahaanaya	ahaanaya	ahaanayna

Present continuous (negative). Also used for in–clauses (e.g. *inaan* etc), and with 'if' (*haddii*) sentences (e.g. *haddii aan* etc).

Verbs	Independent Somali Pronouns						
	Aniga I	Isaga He	Adiga You, singular	Iyada She	Idinka You, plural	Iyaga They	Innaga We
Conj. 1	keenayo	keenayo	keenayso	keenayso	keenaysaan	keenayaan	keenayno
Conj. 2a	karinayo	karinayo	karinayso	karinayso	karinaysaan	karinayaan	karinayno
Conj. 2b	sameynayo	sameynayo	samaynayso	samaynayso	samaynaysaan	samaynayaan	samaynayno
Conj. 3a	joogsanayo	joogsanayo	joogsanayso	joogsanayso	joogsanaysaan	joogsanayaan	joogsanayno
Conj. 3b	furanayo	furanayo	furanayso	furanayso	furanaysaan	furanayaan	furanayno
Irr. verb							
Odho	odhanayo	odhanayo	odhanayso	odhanayso	odhanaysaan	odhanayaan	odhanayno
Ool	oollayo	oollayo	oollayso	oollayso	oollaysaan	oollayaan	ollayno
Aqow	aqoonayo	aqoonayo	aqoonayso	aqoonayso	aqoonaysaan	aqoonayaan	aqoonayno
Imow	imanayo	imanayo	imanayso	imanayso	imanaysaan	imanayaan	imanayno
Ah	ahaanayo	ahaanayo	ahaanayso	ahaanayso	ahaanaysaan	ahaanayaan	ahaanayno

Past continuous tense (positive). Used for for positive and positive interrogative sentences.

Verbs	Independent Somali Pronouns						
	Aniga — I	Isaga — He	Adiga — You, singular	Iyada — She	Idinka — You, plural	Iyaga — They	Innaga — We
Conj.1	keenayay	keenayay	keenaysay	keenaysay	keenayseen	keenayeen	keenaynay
Conj.2a	karinayay	karinayay	karinaysay	karinaysay	karinayseen	karinayeen	karinaynay
Conj.2b	sameynayay	sameynayay	samaynayy	samaynaysay	samaynayseen	samaynayeen	samaynaynay
Conj.3a	joogsanayay	joogsanayay	joogsanaysay	joogsanaysay	joogsanayseen	joogsanayeen	joogsanaynay
Conj.3b	furanayay	furanayay	furanaysay	furanaysay	furanayseen	furanayeen	furanaynay
Irr. verb							
Odho	odhanayay	odhanayay	odhanaysay	odhanaysay	odhanayseen	odhanayeen	odhanaynay
Ool	oollayay	oollayay	oollaysay	oollaysay	oollayseen	oollayeen	oollaynay
Aqow	aqoonayay	aqoonayay	aqoonaysay	aqoonaysay	aqoonayseen	aqoonayseen	aqoonaynay
Imow	imanayay	imanayay	imanaysay	imanaysay	imanayseen	imanayeen	imanaynay
Ah	ahaanayay	ahaanayay	ahaanaysay	ahaanaysay	ahaanayseen	ahaanayeen	ahaanaynay

Past continuous tense (negative).

Used for the negative marker *aan;* negative focus words *baan* and *ayaan;* negative in-clauses and negative constructions involving *haddii* (if): *inaanan/inaadan/inuusan/ inaysan/inaynan/inaydan,* and for the negative imperative *ha* (do not/don't) and for negative interrogative (e.g. *miyaadan/sow*), and negative interrogative, reduced form (e.g. *Ma inanka baan London tegayn shalay?* – Was the boy not going to London yesterday?)

Verbs	Aniga I	Isaga He	Adiga You, singular	Iyada She	Idinka You, plural	Iyaga They	Innaga We
			Independent Somali Pronouns				
Conj.1	keenayayn	keenayayn	keenayayn	keenayayn	keenayayn	keenayayn	keenayayn
Con.2a	karinayayn	karinayayn	karinayayn	karinayayn	karinayayn	karinayayn	karinayayn
Conj.2b	sameynayn	sameynayn	sameynayn	sameynayn	sameynayn	sameynayn	sameynayn
Conj.3a	joogsanayn	joogsanayn	joogsanayn	joogsanayn	joogsanayn	joogsanayn	joogsanayn
Conj.3b	furanayn	furanayn	furanayn	furanayn	furanayn	furanayn	furanayn
Irr. verbs							
Odho	odhanayn	odhanayn	odhanayn	odhanayn	odhanayn	odhanayn	odhanayn
Ool	oollayn	oollayn	oollayn	oollayn	oollayn	oollayn	oollayn
Aqow	aqoonayn	aqoonayn	aqoonayn	aqoonayn	aqoonayn	aqoonayn	aqoonayn
Imow	imanayn	imanayn	imanayn	imanayn	imanayn	imanayn	imanayn
Ah	ahaanayn	ahaanayn	ahaanayn	ahaanayn	ahaanayn	ahaanayn	ahaanayn

Infinitive forms of verbs and verbal nouns

	Imperative	Infinitive	Verbal Noun
Conj. 1:	keen	keeni	keenis**ta**
Conj. 2a:	kari	karin	karin**ta**
Conj. 2b:	samee	samayn	samayn**ta**
Conj. 3a:	joogso	joogsan	joogsasho (joogsasha**da**)
Conj. 3b:	furo	furan	furasho (furasha**da**)

Note: A definite article is suffixed to a verbal noun in a sentence but not when it is followed by an adjective *(e.g. samayn degdeg ah* – a quick fix).

Infinitive forms of verbs are used with *doon* (simple future tense, *e.g waan tegi doonaa* – I will go); *ogidaa* (how quick); *jir/jirin* (habitual past positive and negative, *e.g waan tegi jiray* – I used to go); *lahaa, lahayd etc/lahayn* (conditional, positive and negative, *e.g waan tegi lahaa* – I would have gone); *kar/karay/karin* (can/could positive and negative, *e.g waan tegi karaa* – I can go); meeshii ('instead'); *maayo, maysid, maynu etc* (e.g. *cuni maayo hilib* – I am not eating meat); *rab/rabay* (want/ about to *e.g waan tegi rabay* – I was about to go); *gaadh* ('nearly' for positive and negative constructions, *e.g waan tegi gaadhay* – I nearly went); la' (e.g. *waan heli la'ahay furahayga* – I cannot find my keys).

Irregular Verbs and verbal nouns

Imperative	Infinitive	Verbal Noun
Odho	odhan	odhasho – odhasha**da** (or dhihis**ta** – from dheh *(to say)*)
Ool	oolli	oollis**ta**
Aqow	aqoon	aqoon**ta**
Imow	iman	imaansho – imaansha**ha**

Imperative forms of verbs (positive and negative).

Conj. 1: Keen! (sing.); keena! (pl.)
Ha keenin! (neg. sing.); ha keenina! (neg. pl.)
Conj. 2a: Kari! (sing.); kariya! (pl.).
Ha karin! (neg. sing.); ha karinina! (neg. pl.)
Conj. 2b: Samee! (sing.); sameeya! (pl.).
Ha sameyn! (neg. sing.); ha sameynina! (neg. pl.)
Conj.3a: Joogso! (sing.); joogsada! (pl.);

Ha joogsan! (neg. sing.); ha joogsanina! (neg. pl.)
Conj. 3b: Furo! (sing.); furta! (pl.)
Ha furan! (neg. sing.); ha furanina! (neg. pl.)

Irregular Verbs

Odho! (sing.); yidhaahda! (pl.)
Ha odhan! (sing. neg.); ha odhanina! (pl. neg.)
Ool ! (sing.). Oolla! (pl.) (used sarcastically for people)
Ha oollin (sing. neg.); ha oollina! (pl. neg.)
Aqow! (sing.); aqooda! (pl.)
Ha aqoon (sing. neg.); ha aqoonnina! (pl. neg.)
Ahow! (sing.); ahaada! (pl.)
Ha ahaan (sing. neg.); ha ahaannina! (pl. neg.)
Imow! (sing.); ha imannina! (pl.)
Ha iman (sing. neg.); ha mannina! (pl. neg.)

Reflexive

When the reflexive Somali word '*is*' (self) is used with a verb that begins with the letter '**s**', the letter '**a**' should be suffixed to 'is'(*e.g Waxaan isa siiyay gaadhiga* – I have given myself the car/I thought the car was mine).

Potential (Used in spoken Somali)

There are two ways to form potential sentences in Somali.

Type one

A type one potential sentence begins with the word '*show*' followed by subject and object.

Examples

Show i/ku/na/idin baree! Maybe it/he will teach me/you/us/ *(The subject is third person masculine singular)*

Show /ku/idin la hadalnee! Maybe we will talk to you *(The subject is first person plural)*

Show i/na/ku/idin bartee! Maybe it/she will teach me/us/you. *(The subject is third person feminine singular)*

Show i/na/ku/idin bareen! Maybe they will teach me/us/you *(plural)*. *(The subject is third person plural)*

Show la xadee gaadhiga! Maybe the car will be stolen. *(The subject is the impersonal pronoun).*

Type two

A type two potential sentence begins with *armaa*+muu/maan/may/maannu/maydin/maad subject verbal pronoun.

Examples

Armuu i/ku/na/idin baraa! Maybe it /he will teach me/you/us. *(The subject is masculine third person singular).*

Armay i/ku/na/idin bartaa! Maybe it/she will teach me/you. *(The subject is feminine third person singular)*

Armay i/ku/na/idin baraan! Maybe they will teach me/you/us/you (plural). *(The subject is third person plural)*

Armaan ku/idin/la hadlaa! Maybe I will talk to you. *(The subject is first person singular)*

Armaannu ku/idin/la hadalnaa! Maybe we will talk to you. *(The subject is first person plural)*

Armaa gaadhiga *la* xadaa! Maybe the car will be stolen. *(The subject is the impersonal pronoun 'la').*

Soo and sii. The use of Somali deictic words

The words 'soo' and 'sii' occur widely in spoken and written Somali. Their use can have both a profound influence on the meaning of a sentence in some cases, or a more subtle one in others. They are always used immediately preceding and in association with a verb. As a general rule, 'soo' tends to imply movement towards the speaker, while 'sii' tends to imply movement away. However, it should be remembered that a definition such as this tends towards oversimplification of what is often a complex area semantically in terms of time and place. Increased exposure to the language will undoubtedly assist the learner in gaining a fuller understanding of their role. With this in mind, the learner should consider the following examples, while paying close attention to other examples as they are encountered in the main body of the dictionary:

Soo

Way soo gashay qolka – *She has entered the room* ('soo' is reinforcing direction to a place).

Waan soo socdaa – *I am on the way* ('soo' implies an action that is in progress for completion in the future, so in a present progressive sense, although the verb in Somali is in the simple present tense).

Waan kuu soo diri doonaa warqad – *I will send you a letter* (here, soo implies the direction in which the letter will be going).

Wuu soo noqday – *He has returned* ('soo' is used to indicate return to a place though not necessarily the same location as the speaker. It also, coincidentally, distinguishes between the dual meaning of noqo (to become/to return)).

Waxaan soo wadaa qado – *I am bringing lunch* ('soo' is being used in a present progressive sense).

Waxaan la soo baxayaa lacag – *I am withdrawing money* (either from the bank or other 'source' such as retrieving money from a pocket).

Soo qaad carruurta! – *Go and pick up the children!* (here 'soo' indicates movement away from the speaker but with the ultimate goal of returning to the speaker).

Compare: Sii qaad carruurta! – *Pick up the children!* (here 'sii' implies removal of the children from a place the speaker and listener know).

Sii

Wuu sii socdaa . . . – *He is on the way to . . .* ('sii' indicates movement away from the speaker. One might insert into the English sentence in this case the word *'off'* to reinforce the direction e.g *he is off on his way to . . .*).

Waan sii qaadi karaa – *I can carry these things* (to a place known to the speaker and listener).

Wuxuu u sii socdaa shaqada – *He is on the way to work* (here 'sii' is implying that direction is away from the speaker).

Compare: Wuxuu u soo socdaa shaqada – *He is on the way to work* ('soo' implies the speaker is at the place of work).

Caafimaadkiisu wuu ka sii darayaa haddii aan la dawayn – *His health will deteriorate if he is not treated.* ('sii' is used here to indicate a situation that would be ongoing, in this case *'deterioration'*).

English-Somali Index of Verbs

Abort: dhicisow
Accept: yeel; oggolow
Accompany: raac
Ache: kaar
Acknowledge: aqoonso
Acquire: yeelo;
Adjourn: baaji; baaqo
Adjust: beeg
Advise: (la) tali
Affect: aafee; aafow; saamee;
    wax-yeellee; wax-yeellow
Aim at a target: shiish; toogo
Align: sin
Allow: oggolow
Announce: baaq
Answer: jawaab; war-celi
Appear: muuqo; soo bax
Apply: codso; mari; marso
Apprehend: qabo; gacanta-ku-dhig
Argue: muran
Arrest: xidh
Arrive: gaadh; imow
Ask: weydii; su'aal
Assassinate: dil; khaariji
Astonish: yaab; (ka) yaabi
Attack: duul; weerar
Avenge: aar
Avoid: fogee
Avoid talking: gaabso
Base on: salee
Be: ahow
Be able to: kar
Be absent: maqnow
Be affected: aafow
Be annihilated: ba'
Be asleep: hurud
Be better at something: dhaan
Be born: dhalo
Be father to: isdhal

Be first: horree
Be frightened: cabso
Be frugal: yarayso
Be happy: farax
Be hungry: gaajood
Be ill: buk; bukood
Be interested: danee; xiisee
Be knotted: guntan
Be last: dambee
Be late: daah; daahi; raag
Be located: ool
Be mentally ill: khafiif
Be next to: xig
Be opened: furan
Be patient: samir
Be related to (kin): xig
Be saddened: tiiraanyood; murugood
Be seated: fadhi
Be shut: xidhan
Be shy: sheex; xishood; khajal
Be spilled: daado
Be superstitious: sharayso
Be tired: daal
Be useful: tar
Be weak: liido
Be well: raay
Beat with a stick: ulee
Become: noqo; ku dambee
Become acquainted: isbaro
Become angry: cadhood; ismadax-mar
Become close: dhowow
Become cold: qabow
Become desert: nabadguur
Become full: buux
Become hungry: baaho; gaajood
Become larger: weynow
Become lonely: cidlood
Become red: guduudo
Become rotten: qudhun; shiir

Become shorter: gaabo
Become sophisticated: ilbax
Beg: bari; tuugso
Begin: billow
Begin: bilaab
Believe: rumayso; rumee
Bend: laab; loodi
Benefit: u aay; ka faa'iid; tar
Bewitch: fal; sixir
Bid farewell: nabadgelyee; sii dhowee;
    sagooti
Bite: qaniin
Blackmail: baad
Blame: eedee; dhaleecee
Boast: faan
Boil: kar
Brag: faan
Braid: dab
Break: jab; jabi; jabso
Breakfast: quraaco
Breathe deeply: neeftuur
Bring: keen
Bring up a child: ababi; barbaari;
Brush one's teeth: cadayso; rumeyso
Build: dhis
Burn: gub; gubo
Burp: daac; daaci
Bury: aas; duug; xabaal
Buy: (soo) iibso
Call: yeedh; wac; baaq
Calm: deg; deji
Campaign: ololee
Can: kar
Capture: gacanta ku dhig
Capture: qabso
Carry: sid; wad; wado
Catch: dab; qabo
Catch off guard: gaad
Cause: dhal; keen
Celebrate: dabbaal-deg
Change: beddel
Change facially: qayiran

Chase: eryo
Chat: faq
Chop up: jadhjadh
Circumcise: gud
Claim: sheego
Clarify: caddee
Clean: nadiifi; daahiri
Climb: kor
Close: xidh
Collect: ururi
Collect water: dhaammi
Comb: shanlee
Come: imow
Come in between: (u) dhexee
Come first: horree
Come last: dambee
Commit a misdeed: geyso
Compensate: gud; sin
Complain: cabo
Congratulate: tahniyadee
Conscript: raaf
Contact: xidhiidh
Contribute: biiri
Control: gacanta ku hay; gacanta ku jir
Converse: sheekayso
Convey: gee
Cook: kari; bislow
Cool: qabooji; qabow
Copy: guuri
Cough: qufac
Covet: isjeclaysii
Create: abuur
Criticise: dhaleecee
Cross: tallow; gudub
Cure: dawee
Cultivate: beer
Cut: go'; goo; sar; jadh
Dance: ciyaar; tumo
Daydream: (la) hayso
Deceive: khiyaamee
Declare: (ku) dhawaaq
Decorate: sharrax

Decrease: yarow

Defeat: badi; adkow; gacan-sarree; jabi

Delay: daahi

Deny: dafir;

Despise: quurso; yas

Destroy: baabbi'i

Dial: garaac

Die: dhimo; allayso; geeriyood

Dig: faag; qod

Dine: qadee

Disable: naafee; naafow

Dislike: nebcayso; nac

Dispute: ishayso

Distance: fogee

Divide: qaybi

Divorce: fur: isfur

Do: fal; samee; suubbi

Do something wrong: bi'i

Draw a picture: sawir

Dress up: lebbiso

Drink: cab

Drink milk: dhan

Drink tea: shaah

Drive: wad

Drive someone mad: waal

Drop: rid

Dry: abaarso; qallal; qallaji

Dry up: qallal; qallaji

Eat: cun

Eat leftovers: luflufo

Elope: la bax

Embarrass: yaxyax

Embezzle: leexso; lunso

Enclose: ood

End: dhammee; dhammow

Enrol: diwaangeli

Enslave: addoonso

Enter: gal

Enter a country illegally: tahriib

Entertain: maadee

Err: gef; khalad

Escape: baxso

Excel: badi; dhaan

Exchange gifts: isdhaafso

Exclude: reeb

Execute by firing squad: toogo

Exist: jir

Expect: fil

Experience: (soo) mar

Expire: dhac

Explain: sharrax; caddee

Explicate: tafsiir

Export: dhoofi

Express an opinion: arag; qab

Fail: dhac

Fail to find: waa'

Faint: miyir-beel

Fall asleep: gama'; lulood

Fall short of: ka gaabi

Fall: dhac

Favour: eexo

Fear: cabso

Feed: baani; quudi

Feel nostalgic: hilow

Fetch: doono

Fill: buuxi

Fill up: cabbee

Find: hel

Finish: bog; dhammee; mari; laaso

Fire: rid; rasaasee; eri;

Fix: hagaaji

Flame: olol; ololi

Flee: carar

Fly: duul; haad

Fold: laab;

Follow: daba-gal; la soco

Forget: hilmaan; illow

Forgive: cafi

Found: asaas

Frighten: cabsii

Fry: shiil

Get to know: isbaro

Get underway: qabsoon

Give: sii

Give birth: dhal; ummul
Give details: faahfaahi
Give news: warran
Give up: quuso; jooji
Glorify: waynee
Go: tag; soco; aad
Go around: wareeg
Go mad: waalo
Go to sleep: seexo
Graze: daaq; daaji
Greet: salaan; isbariidi
Grow up: waynow; kor
Hand over: wareeji; (u) gudub
Hang up: sur
Happen: dhac
Harden: adkow
Have: hay; hayso; qab; qabo
Have a nightmare: qaraw
Have an appointment: ballan
Have breakfast: quraaco
Have dinner: cashee
Have more: badso
Have lunch: qadee
Head in a direction: abbaar
Heat: kululow
Help: caawi
Hesitate: (ka) maag
Hide: dhuumo; qari; qarso; xasee
Hit: garaac; tun; dil
Hit with: ku dhufo; kabee
Hope: fil; rajee
Hold: hay; hayso
Identify one's genealogy: abtiri: abtirso
Implement: fuli
Improve: wanaaji
Increase: badi; bado; korodh; kordhi
Inform: ogeysii
Inject: dur
Inquire: warayso
Insist: ku adkeyso
Instruct: far
Interest: xiisogeli

Interfere: farogeli
Intervene: farogeli
Interview: warayso
Introduce: bar
Investigate: baadh
Irritate: dhib; kadeed
Iron: feeree; kaawiyadee
Jeer: odhi
Join an establishment: biir
Jump: bood
Keep: hay; hayso
Keep a promise: oofi
Kick: laad
Kill: dil; laay
Kiss: dhunko; shumi
Know: ogow; aqow; garo
Lean: tiiri; tiirso
Learn: baro
Leave: bax
Leave in peace: nabadgeli
Legalise: sharciyee
Light a fire: oog; shid
Like: jeclayso; ka hel; u bog; la dhac
Listen: dhegayso
Live: noolow
Load: rar; saar
Locate: ool
Look: eeg; eegeeg; fiiri
Look away: jeeso
Look for: jiri; raadi; goob; doondoon
Lose: lumi; lun
Lose a body part: beel
Magnify: waynee
Make: same
Make happy: farxi
Make larger: weynee
Make up one's mind: tasho
Malfunction: hallaysan
Manage: maamul; maaree
Marry: guurso
Mean: wad; u jeed
Mediate: dhexdhexaadi

Meet: kulan; shir

Misbehave: bi'i

Miscarry: dhici

Miss: tab

Multiply: ku dhufo; taran

Nap: sardhee

Need: baaho

Next (to/of kin): xig

Notify: ogeysii; ku war-gali

Nurture a family: dhaqo

Offer condolence: tacsiyadee

Open: fur; furo

Oppose: ka soo horjeed

Order: amar

Organise: abaabul; habee; nidaami; shiri

Pant: neeftuur

Park a car: dhig

Pass out: miyir-beel

Pass: gudub; dhaaf; soo mar

Pass: mar

Pay: bixi

Pay-lip-service to: afgobaadso

Peel: diir

Perpetrate: geyso

Pick on: maag

Pile up: tuur; tub

Pinch: qanjaruufo

Place on: saar

Plant seeds: abuur

Play: dheel; ciyaar

Pour: shub

Postpone: baaji

Practise: ku noqnoqo

Praise: ammaan

Pray: tuko; tuji

Prepare: diyaargarow; diyaari

Pretend to be angry: iscaraysii

Pretend not to hear: isdhegotir

Produce: (soo) saar

Promise: wacatan

Pronounce: dhawaaq

Prophesy: faali

Pull: jiid

Punch: feer; feertan

Put: dhig

Put on top of: saar

Queue: safo

Quit: daa; dhaaf

Quote: xigo

Raise: taag

Raise a child: ababi; barbaari; kori

Rain: da'

Reach out: laac; tiigso

Read: akhri

Recognise: aqoonso; garo

Reconcile: heshiisii; nabadee

Recover: kabo; rayso; bogso

Recruit: qor; shaqaalee

Reduce: yaree

Reflect: muuji

Register: diwaangeli

Release: daa

Relocate: guur

Rely on: ku tasho

Remain: hadh; joog

Remember: xusuuso

Remind: xusuusi

Rent: kirayso; kiree

Repair: kab; hagaaji; samee

Repeat: ku celi

Repress: cabudhi

Request: codso

Research: baadh

Resolve: dhammee

Respect a rule: xeedhi

Respond: jawaab

Result in: dhal; dhali; abuur; keen

Return: celi; ku noqo; laabo

Rule: (ka) tali

Run slowly: gaabi

Run: carar; orod

Rush: degdeg; dedeji

Rust: mirir

Sack: eri

Satisfy: dhereg

Save: nabadgeli; bixi; badbaadi

Save up money: biiri, biirso

Say: odho; dheh

Scare: cabsii

Score: dhali

Search: jiri; raadi; goob

Secure: nabadgal

See: arag; u jeed

Segregate: takoor

Sell: gad; iibi

Sell: gad

Send: dir

Serve: adeeg

Set a time: muddee

Settle: deg; deji

Sew: tol

Shape: qaabee

Share: wadaag; wadaaji

Sharpen: afee

Shorten: gaabi

Show: muuji; tus

Shut: xidh

Simplify: fududee; jilci

Sink: deg; deji

Sip: kabbo

Sit: fadhiiso

Slaughter an animal: loog

Sleep: hurud; seexo

Smell: ur; uri

Snatch: daf

Snooze: sardhee

Snore: quuri

Socialise at night: cawee

Sow: tacab

Soothe: sabsab

Speak: hadal

Speak frankly: gedbax

Spell: higgaadi

Spend the night: cawee

Spill: daadi; daado; qub

Spin: wareeji

Spread: fid; baah; faaf; fidi; baahi; faafi

Stand up: istaag; sarajoogso

Start: bilaab; billow

Stay behind: dambee; hadh

Stay: joog

Stay: negee; negow

Stick: dheji

Stir: walaaq

Stop: jooji; joogso; ekee

Stop beside: isdhinac-taag

Stop in front of: ishortaag

Store: xedhee

Strengthen: adkee

Succeed: guuleyso

Suffer: ba'; eed; eerso; tabaalow

Support: taageer; kaab

Surrender: isdhiib

Surprise: gaad; yaab; ammakaag; yaabi

Survive: sabatabbax

Suspect: shaki

Swim: dabaalo

Take: qaad; qaado

Take an oath: dhaaro; dhaari

Take off clothing: (iska) saar

Take over: la wareeg

Take revenge: aargudo; aargooso

Take something somewhere: gee

Talk: hadal

Taste: dhadhami

Teach a person: bar

Teach a subject: dhig

Tear: jeex

Tell: sheeg; warran

Tell a story: sheekee

Think: feker; u malee; mood; u hayso; mud.

Throw: tuur

Till: fal

Time: muddee

Tire: daal; daali

Touch: taabo; faree

Trace: baafi

Track: dabaggal

Train: tababbar
Translate: tarjum; rog
Travel: dhoof; socdaal
Treat fairly: sin
Trouble: dhib
Trust: aammin
Try: isku-day
Turn: jeedi; leexi; leexo; laabo
Turn on: daar
Turn over: rog; geddi; beddel
Twist: marooji
Type: garaac
Underestimate: yarayso
Understand: faham; garo; dhuux; afgaro
Urinate: kaadi
Use: adeegso; isticmaal
Wait: sug; dhowr; u kaadi;
Wake up: kac; toos; kici; toosi
Walk: lugee; soco; wareeg
Want: doon; rab
Warm up: kululee
Wash: dhaq
Watch: daawo; fiirso
Water: biyee
Weaken: liido
Wear: xidho; sido
Welcome: dhowee/ dhawow
Whistle: foori
Widen: ballaari
Withdraw: ka noqo; ka bax; la bax
Work: shaqee
Worry: tabo
Write: qor; curi